高山正也　植松貞夫　監修
新・図書館学シリーズ ②

改訂
図書館経営論

〈編集〉高 山 正 也
加 藤 修 子　　岸 田 和 明
田 窪 直 規　　村 田 文 生
共　著

樹村房
JUSONBO

監修者の言葉

　1950年に成立した現「図書館法」により，わが国の図書館員の養成が本格的に大学レベルで実施され始めて以来，この約半世紀の間に，図書館をとりまくわが国の社会環境も，図書館も大きく変貌した。館数，施設，蔵書構成など，わが国の図書館環境の整備は世界に誇れる大きな成果ではあるが，図書館サービスそれ自体の水準は日本社会の歴史的，社会的な通念を始め，多くの要因のために，未だ世界の第一級の水準とは言い難い面もある。しかし情報社会の到来を目前に控え，新しい時代の情報専門職にふさわしい，有能で，社会的にリーダーシップのとれる図書館員の養成は社会的急務である。

　わが国の図書館職員，特に公共図書館職員の養成の主流となってきたのは，「図書館法」で定められた司書資格取得のための司書講習の規定であった。この司書講習や講習科目に基づく司書課程を開講し，図書館職員の養成にかかわる大学数も，受講する学生数もこの約半世紀の間に激増した。このような状況の下で，司書養成の内容の改善も両三度図られた。教育の改善は，教育内容と教育時間の両面での充実が考えられるが，今回(1996年)の改訂では，実質的な図書館学の教育時間の増大は図られなかったに等しい。このため教育科目の再構成と各科目内容の充実をもって，司書養成の充実を図ることになった。ここに「図書館法施行規則」の改正による教育科目の再構成が行われたが，一方，各科目の内容の充実は開講校と科目担当者に委ねられることとなった。

　このために図書館学の新教育科目群に対応し，科目担当者の努力を助け，補完し，併せて受講者の理解を深め，学習効果を高めるために，充実した各科目専用のテキスト・教材の整備が，従来に増して，必要不可欠になった。

　わが樹村房の「図書館学シリーズ」は昭和56年の刊行以来，わが国の司書養成のための図書館学のテキストとして，抜群の好評を博し，版を重ねた実績をもつ。そこで今回の司書養成の新教育体制への移行に際し，省令の新科目群に対応した「新・図書館学シリーズ」を刊行することとした。

「新・図書館学シリーズ」の刊行にあたっては，基本的に旧「図書館学シリーズ」の基本方針を踏襲した。すなわち，「図書館学は実学である」との理念の下にアカデミズムのもつ観念的内容とプロフェッショナリズムのもつ実証的技術論を統合し，さらに網羅すべき内容を大学教育での時間の枠に納める調整も行った。また養成される司書には，高学歴化，情報化した社会における知的指導者として，幅広い一般教養，語学力，さらに特定分野の主題専門知識も期待されている。本シリーズでは，この困難な要求に応えるべく，単独著者による執筆ではなく，教育と実務の両面について知識と経験を有する複数の著者グループによる討議を通じて執筆するという旧シリーズの方針を踏襲することとした。

幸いにして，この方針は出版者，木村繁氏の了承されるところとなり，旧「図書館学シリーズ」の編集・執筆に携わった人々の経験と旧シリーズの伝統に加え，さらに新設科目や，内容の更新や高度化に対応すべく，斯界の中堅，気鋭の新人の参加をも得て，最新の情報・知識・理論を盛り込み，ここに「新・図書館学シリーズ」第一期分，12冊を刊行することとなった。

本シリーズにおける我々の目標は，決して新奇な理論書に偏さず，科目担当者と受講者の将来の図書館への理想と情熱を具体化するため，正統な理論的知識と未知の状況への対応能力を養成するための知的基盤を修得する教材となることにある。本シリーズにより，来るべき時代や社会環境の中での求められる図書館職員の養成に役立つテキストブックが実現できたと自負している。また，併せて，本シリーズは，学生諸君のみならず，図書館職員としての現職の方々にもその職務に関する専門書として役立つことを確信している。読者各位の建設的なご意見やご支援を心からお願い申しあげます。

1997年7月

監　修　者

序　　文（初版）

　本書は，新・図書館学シリーズの第2巻であり，図書館法の新施行規則による司書講習科目「図書館経営論」のテキストとして刊行するものである。

　「図書館経営論」は今回の図書館法施行規則の改正によって，新たに司書講習科目に加えられた科目ではあるが，図書館学の発展の過程では，一貫して，如何に利用者に有効で，効率的な図書館を作り上げるかの研究と教育は図書館学の中心であった。これはすなわち，図書館経営こそが図書館学の中心的な課題であることの証拠でもある。この図書館学の中心課題である図書館経営は，日本の図書館学教育の中では図書館のサービスや資料類の整理技術などの多くの副次的なテーマに細分化され，研究と教育が展開されてきたと考えられる。しかし，新たな図書館環境と図書館学教育の要請に応じて，ここに再び，図書館学の独立科目として取り上げられるに至ったと言えよう。

　この「図書館経営論」による教育のねらいは，生涯学習社会における図書館という視点を重視して，図書館経営にかかわる組織，管理・運営，各種計画について解説をすることにある。さらに，従来の「図書館通論」，「図書館活動論」等において部分的に論じられてきた諸問題に加え，実学としての図書館学の観点に立って，図書館，特に公立の公共図書館の置かれている，行政的，組織運営的な見地からの行政技術，経営技術にかかわる諸問題に焦点を当て，その理解を目指すものでもある。

　以上のような理解のもとに，本書は21世紀の情報専門職となる図書館員養成のためのテキストを目指して，本書1冊で，省令科目としての「図書館経営論」の内容はすべて網羅し，さらに公共図書館以外の館種の経営上必要な事項をも極力取り込むことを目指した。幸いにして，公共図書館の豊富な館長経験を有し，生涯学習審議会の今次のカリキュラム改訂の審議にも加わった村田文生氏（第2，5章担当），若手で図書館経営に理論面から気鋭の論旨を展開する田窪直規氏（第3，6章担当），岸田和明氏（第8，9章担当），加藤修子氏（第4，7章担当）の献身的ご協力の成果として，類書とは異なり，斬新で内容の深い

「図書館経営論」がここに完成したと自負している。

　何分にも限られた時間内での執筆であるため，細部における一層の充実は他日を期したいが，この貴重な機会を与えていただいた，中村初雄・前島重方両先生のご高配と，樹村房木村社長のご助力に深甚の謝意を表したい。

　　平成9年7月10日

執筆者代表　髙山　正也

改訂版への序文

　本書は、新・図書館学シリーズの第2巻として1997年9月に刊行した『図書館経営論』の全面的な改訂版である。

　本書は刊行以来、幸いにして多くの図書館学開講大学の標準テキストとして採用されるとともに、図書館学の学徒や研究者並びに実務者の研修に用いられるばかりでなく、図書館学の各種試験の受験参考書としても利用され、概ね好評を博してきたことは編者・著者として大きな喜びである。

　しかし、刊行後5年を経て、図書館経営を取り巻く環境が大きく変わったことは読者各位もご承知のとおりである。すなわち、図書館の電子化や、電子出版、インターネット利用の急速な進展といった図書館環境の変化は言うまでもない。これらに加えて、図書館経営自体においても、資料費を中心とする図書館予算の縮小、PFIをはじめとする図書館経営財源の多様化、専門的職員の人事異動の活発化と臨時職員や派遣職員の常態化に伴う専任職員の比重の低下、図書館業務の外部委託やアウトソーシングの拡大、コンソーシアムの活用等が急速に顕著になってきた。このように図書館経営についての理念や思想の変化は2001年7月に文部科学大臣告示となった「公立図書館の設置及び運営上の望ましい基準」に代表される国の図書館政策にも後押しされて、急激に変化したといえる。

　このような図書館経営の劇的な変化は、21世紀を迎えて、わが国の図書館が社会の情報資源の蓄積・アクセスの拠点として、さらなる発展のための前兆であり、情報社会、生涯学習時代の新たな図書館の可能性を予感させていると積極的に受け止めたい。

　しかし、そうなるには、新たな図書館の理念や思想を体現しうる図書館の職員があってはじめて可能になる。そこで新世紀の図書館の経営を担う人たちの養成にふさわしい「図書館経営論」の必要性を編者・著者ともに痛感していたところ、多くの読者の方からも、最新内容への改訂のご希望を頂戴するに至っ

た。そこで，出版社のご協力も得て，改訂版を上梓する運びとなった。

　本改訂版の刊行により，本シリーズ，中でも本「図書館経営論」はわが国の類書の中では最新の知見を集約し得たものになったと確信している。今後とも読者各位からのご意見やご感想をもとに，不断に内容の改善・充実を図る所存である。各位の一層のご協力をお願い申し上げ，「図書館経営論」改訂版の序としたい。

　平成14年1月

編　　者

「図書館経営論」もくじ

監修者（シリーズ）の言葉……………………………………………… i
序文……………………………………………………………………… iii
改訂の序………………………………………………………………… v
「図書館経営論」諸要素関連概念図…………………………………… 1

第1章　図書館経営の意義……………………………………………… 2

  1.　図書館経営論の必要性………………………………………… 2
  2.　図書館の経営管理の概要……………………………………… 5
  3.　経営対象としての図書館：図書館の経営管理権の確立……… 7

第2章　自治体行政と図書館…………………………………………… 9

  1.　図書館の設置と自治体行政…………………………………… 9
    (1)　図書館設置の根拠法令…………………………………… 9
    (2)　図書館関係法令……………………………………………11
    (3)　図書館の設置にかかる国と自治体の役割………………11
  2.　公共図書館の歩み………………………………………………12
    (1)　国・地方自治体行政と歩む公共図書館…………………12
  3.　自治体行政と公共図書館の組織・管理と予算………………14
    (1)　組織・管理の根拠とねらい………………………………14
    (2)　職員定数とその配置………………………………………16
  4.　公共図書館の予算と財源………………………………………16
    (1)　予算編成のしくみと実態…………………………………16
    (2)　多様化する図書館の財源…………………………………18
    (3)　図書館の会計………………………………………………20
  5.　図書館の運営と自治体行政……………………………………22

　　　　(1)　行政施策と図書館運営……………………………………22
　　　　(2)　図書館等公の施設の管理運営をめぐる動き……………25
　　　　(3)　管理運営の根拠規定………………………………………26
　　　　(4)　制度としての図書館協議会：諮問，答申………………29
　　　　(5)　図書館事業の実際とねらい………………………………29

第3章　図書館業務の理論と実際……………………………………31

　　1.　図書館業務と経営…………………………………………………31
　　　　(1)　経営という観点と図書館学の法則………………………31
　　　　(2)　業務の四分類………………………………………………33
　　　　(3)　図書館の業務分析…………………………………………34
　　2.　閲覧・奉仕業務（パブリック・サービス）…………………36
　　　　(1)　サービス機能別業務………………………………………36
　　　　(2)　サービス対象別業務………………………………………37
　　3.　資料整理業務（テクニカル・サービス）……………………38
　　　　(1)　資料の選択から受入まで…………………………………38
　　　　(2)　資料の整理（狭義）から排架まで………………………39
　　　　(3)　保存と廃棄…………………………………………………40
　　4.　管理業務（総務業務）……………………………………………41
　　　　(1)　管理業務の種類……………………………………………41
　　　　(2)　庶務業務……………………………………………………41
　　5.　業務執行の効率化・合理化………………………………………43
　　　　(1)　業務の機械化（コンピュータ化）………………………43
　　　　(2)　業務委託など………………………………………………45

第4章　図書館の組織……………………………………………………46

　　1.　組織の原理…………………………………………………………46
　　　　(1)　組織の定義…………………………………………………46

        (2) 図書館組織の特徴……………………………………47
  2. 組織の類型………………………………………………49
        (1) 階層型組織…………………………………………49
        (2) チーム制組織………………………………………50
        (3) ネットワーク型組織………………………………51
        (4) 外部資源活用（アウトソーシング）型組織………52
  3. 図書館組織の現状と傾向………………………………54
        (1) 図書館環境の組織に与える影響……………………54
        (2) 階層型組織からチーム制組織へ……………………54
  4. 図書館組織の実例………………………………………55

第5章　図書館の職員……………………………………56

  1. 図書館職員体制…………………………………………56
  2. 館長・管理職の職務……………………………………57
        (1) 図書館の管理に関する職務，職能と館長の立場……57
        (2) 図書館の管理的職員に求められる資質と能力………60
        (3) 館長の業務内容……………………………………61
        (4) 館長登用の実際……………………………………62
  3. 専門的職員の資質向上・研修…………………………62
        (1) 専門的職員と一般職員・その他の職員との関係と専門的
            職員の必要性………………………………………62
        (2) 人事交流，職員の確保と資質向上…………………64
        (3) 現職研修に果たす国，都道府県，市町村の役割……64
        (4) 現職研修の内容……………………………………67
  4. 図書館を支える人々（ボランティア，臨時職員，派遣会社職員等）…68
        (1) 図書館におけるボランティアの領域と活動内容……68
        (2) 臨時職員，派遣職員等……………………………71

第6章　図書館の計画とマーケティング………………73

1. 経営管理業務と計画・マーケティング………………73
2. 図書館の計画………………74
   (1) 経営計画………………74
   (2) 図書館政策と図書館ネットワーク………………77
   (3) 新図書館開設計画（図書館計画）………………82
3. 図書館におけるマーケティング………………87
   (1) 図書館マーケティングの歴史………………87
   (2) 非営利組織のマーケティングと図書館マーケティング……88
   (3) 図書館マーケティングの計画立案と，顧客・競合戦略……89
   (4) マーケティング・ミックス………………91

第7章　図書館の施設整備計画………………100

1. 図書館建築………………100
   (1) 図書館の機能と図書館建築………………100
   (2) 環境や技術等の変化への図書館建築の対応………………101
2. 図書館新設の過程………………102
   (1) 企画・構想………………102
   (2) 建築・施工………………103
   (3) 運　営………………103
3. 図書館施設の構成………………104
   (1) 図書館スペースの構成………………104
   (2) 主要スペースと設備の配置………………106
4. 配慮すべき装備………………108
   (1) インテリジェント技術………………108
   (2) 蓄積・保存と搬送技術………………109
   (3) 防災・防犯と安全対策………………110

　　　　(4)　エコロジカル・エンジニアリング ……………………………113
　　　　(5)　ノーマライゼーション ……………………………………113
　　5.　快適な図書館空間の創造 …………………………………………114
　　　　(1)　照明と採光，および色彩 …………………………………114
　　　　(2)　騒音対策と音環境 …………………………………………115
　　　　(3)　温・湿度と空調 ……………………………………………116
　　　　(4)　サイン計画 …………………………………………………117
　　　　(5)　家具と備品 …………………………………………………117

第8章　図書館ネットワークの形成 ……………………………………121

　　1.　図書館ネットワークとその意義 …………………………………121
　　　　(1)　図書館ネットワークとは …………………………………121
　　　　(2)　図書館ネットワークの発展を促した背景的要因 ………122
　　2.　図書館ネットワークの種類 ………………………………………125
　　　　(1)　対象とする業務・サービスの内容 ………………………125
　　　　(2)　ネットワークの地理的な範囲 ……………………………129
　　　　(3)　主題や館種の範囲 …………………………………………131
　　　　(4)　ネットワークの位相的関係 ………………………………131
　　　　(5)　コンピュータネットワークの利用 ………………………133
　　3.　図書館ネットワークの運営と評価 ………………………………133
　　　　(1)　図書館ネットワークの運営上の問題点 …………………133
　　　　(2)　図書館ネットワークの評価 ………………………………135
　　4.　類縁機関とのネットワーク ………………………………………136
　　　　(1)　博物館・美術館 ……………………………………………136
　　　　(2)　文書館 ………………………………………………………137

第9章　図書館業務・サービスの評価 …………………………………139

　　1.　評価の目的と対象 …………………………………………………139

2. 評価の方法 …………………………………………………………140
(1) 目的と目標，達成目標 ………………………………140
(2) 効果と効率，パフォーマンス ………………………141
(3) 評価の手順 ……………………………………………142
(4) 評価の基準やガイドライン …………………………144
(5) 記述統計と推測統計 …………………………………145
(6) 質的な評価 ……………………………………………147
3. 評価のための統計と指標 ……………………………………147
(1) 業務統計の種類 ………………………………………147
(2) 主要な評価指標 ………………………………………148
(3) 図書館評価のための国際的な標準規格 ……………150
(4) 評価のための特別な調査 ……………………………151
(5) 会計システムによる評価 ……………………………154
4. 「よい図書館」とは：図書館サービスの質と価値 ………154

［資料1］公立図書館の設置及び運営上の望ましい基準（平13.7.18）…156
［参考資料］同上〔報告〕（平成12.12.8） ………………………………161
［資料2］公共図書館情報ネットワークシステムの事例（諏訪地域）……162
［資料3-1］図書館の業務………………………………………………………164
［資料3-2］図書館業務の基本原則……………………………………………171
［資料4］1. 図書館の職員数（全国） ………………………………………172
　　　　　2. 図書館職員の内訳………………………………………………173
　　　　　3. 設置者別図書館職員数（1図書館当たり）…………………173
［資料5］1. 国立国会図書館の組織……………………………………………174
　　　　　2. 米国メリーランド大学図書館の組織…………………………175
　　　　　3. 東京都立中央図書館運営組織…………………………………176
［資料6］ISO11620による図書館パフォーマンス指標 ……………………177
参考文献 ……………………………………………………………………………181

「図書館経営」諸要素関連概念図

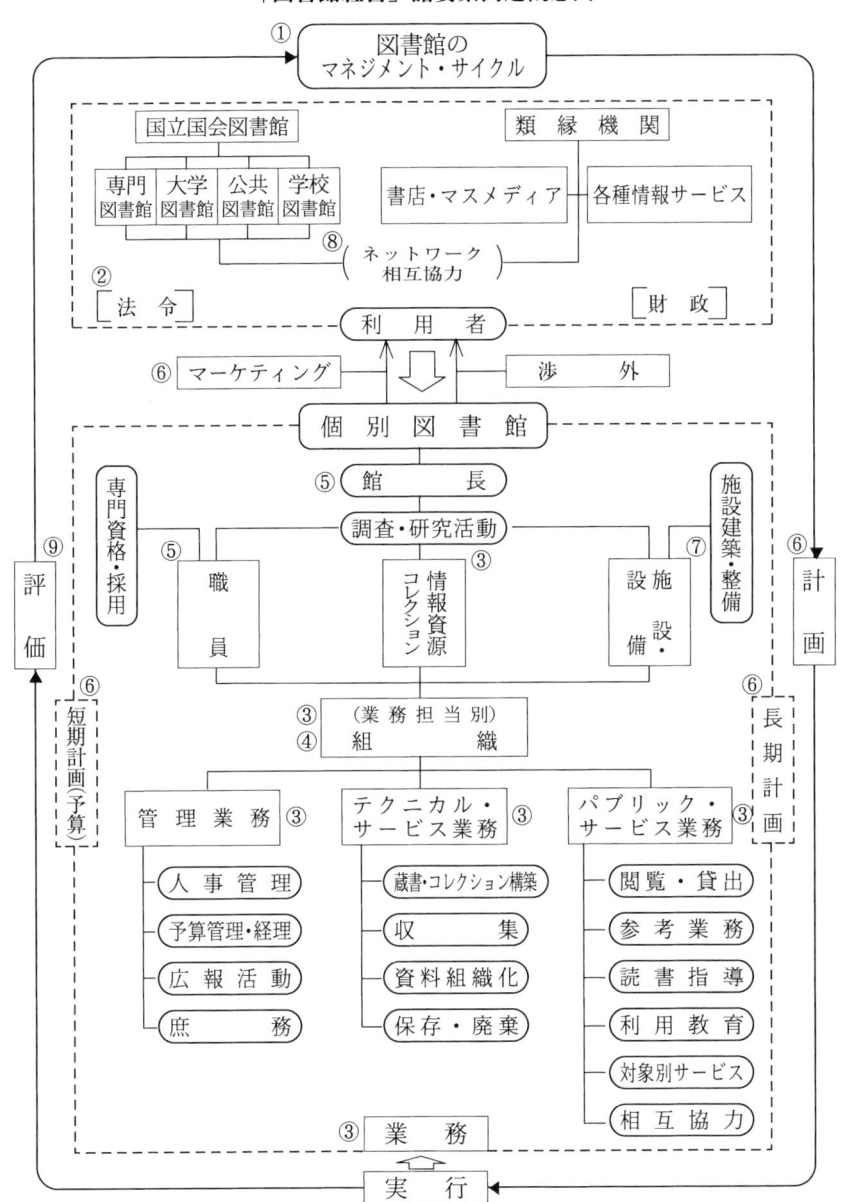

(注) ○内の数字は，関連事項が記述されている「章」を示す。

第1章　図書館経営の意義

1. 図書館経営論の必要性

　図書館は，人類の知的・文化的な情報資源へのアクセスとその利用をすべての人に保証し，さらに，そこに新たに創造された資源を加えた知的・文化的な情報資源を将来に継承するという崇高で重要な使命(mission)をもっている。このような図書館を，いかに運営し，その使命を全うさせるかという課題は，図書館にとって本質的であり，決して無視すべきものではない。

　図書館のすべての機能は，この知的・文化的な情報資源へのアクセスの保証と，将来への継承という使命・目的の達成に向けられており，これを実現するためには，図書館の維持・存続・発展が不可欠になる。

　このように，図書館という組織の維持・存続・発展を図る活動を一般に「図書館経営」と呼んでいる。それ故に，図書館経営とは図書館活動の本質であり，図書館を研究対象とする図書館学そのものでもある。事実，図書館学の発展の歴史の中では，海外においても，わが国においても，初期の研究者は図書館学における図書館経営の研究の重要性を指摘している。[1]

　しかしその後，図書館学の研究は，図書館学を社会学的に確立しようとする流れと，「図書館経営論」のもつ技術論的な側面とが強調され，図書館経営論への関心の程度がやや弱まった一時期があったが，わが国では1996年に決定された司書講習の新省令科目で「図書館経営論」は必修の科目となった。これは図書館の研究とその成果としての図書館学の目的は，図書館のあり方を技術的に考えるだけでなく，組織経営的・政策的に考えることが必要であり，図書館

---

[1] 高山正也：図書館経営論・その領域と特殊性，図書館経営論の視座〈論集・図書館学研究の歩み　第13集〉　日外アソシエーツ　1994　p.7-21。

経営論の必要性を再び想起したからに他ならない。

　図書館という組織は，その職員，情報資源としてのコレクション，および施設や設備が一体となって運営されることでその機能を発揮するが，さらにその機能の受け手である図書館サービスの利用者との建設的な交流があって初めて，求める情報資源へのアクセスと利用，その情報資源を将来に継承するための図書館の永続的存続という図書館の使命や目的が効果的に実現できる。この図書館のとらえ方は，図書館を一つの組織としてとらえている。組織としての図書館の構成要素として，①図書館職員，②コレクション，③施設・設備，④図書館利用者を挙げることができる（1-1図）。また，図書館を現代の社会における文化的・教育的な活動を行う社会基盤的な組織としてとらえる見方は，現在の図書館学や図書館の世界に広く定着した見方である。

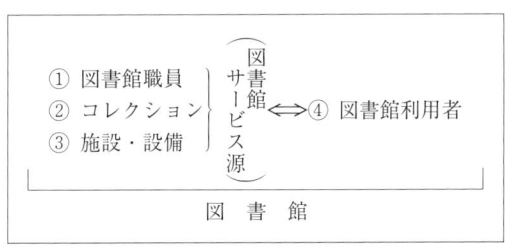

1-1図　図書館の構成要素

　このような現代の組織の運営にとって経営論は不可欠であるが，その理由として，現代の組織は多くの構成要因の上に成り立ち，また利害の複雑な環境のもとにあるため，直面する課題に個人的な経験や能力での対応でなく，総合的で長期的な展望に立った客観的・科学的な対応が求められるからである。

　図書館経営を考えるにあたって，この図書館という組織のもつ特徴のうち，特に考慮すべき点として次の3項目が挙げられる。

　(1)　システムとしての図書館
　(2)　非営利組織としての図書館
　(3)　永続組織としての図書館

このうち，まず「システムとしての図書館」とは，図書館は有効に情報を集

め，保存し，利用に供するという共通の目的のもとに，多くの構成要因から構成され，しかもその図書館は社会という大きなシステムの中で孤立した存在でなく，その社会を構成する一つの構成要素にもなるというシステム的なとらえ方を強調したものである。従来の図書館学における図書館の把握の仕方は，ややもすると，図書館をそれをとりまく社会から切り離して論じたり，図書館における各業務が，業務相互の関連性について配慮されることなく，孤立的に論じられることが少なくなかった。このような図書館の見方は，「図書館経営論」の中では最も排除されなければならない見方である。図書館は社会的・情報的環境と調和しつつ，利用者との交流のもとで，利用者の満足するサービスを，図書館を構成する諸要素の調和と統一的協働のもとに提供する一つの社会システムなのである。

「非営利組織としての図書館」とは，単に行政や教育機関や企業の経営とは異なる，独自の経営理念や実践の必要性の論理的根拠にもなる。経営とは営利組織に必要なもので，非営利組織には不要という，一部の人の考え方は今や古い。非営利の組織であるからこそ，その使命を実現するために効率的な活動が必要であり，それ故，営利組織に比較して難しくとも，成果や結果を重視し，その使命に照らして，成果の測定やコントロールを行うことで十分な評価を行うことが図書館の発展と存続に不可欠なのである。[1]

このように図書館は効果的に成果に結びつく運営を要請されていることは明らかであるが，営利組織における利益尺度のような単一で明確な経営の評価尺度には欠けている。図書館のように抽象的であったり，複数の多元的な評価尺度に照らして評価しなければならない組織の運営は，それだけ難しい評価基準のもとに複雑で高度な評価とそれに基づく経営が求められているといえる。それ故，この成果の測定，コントロール，評価には，図書館固有の手法の開発や考え方が必要となる。

「永続組織としての図書館」とは，図書館が人類の知的・文化的成果を累積し，将来に継承させるために本源的に備えなければならない特性である。人類

---

1) 高山正也編：図書館・情報センターの経営　勁草書房　1994　p.3-4。

の知的・創造的文化は過去の文化の学習の上に新たな文化の創造が行われるという累積性をその特徴としていることや，現代の図書館における情報サービスが速報的な情報サービスだけではなく，むしろ身近では入手困難な情報の入手，すなわち，遡及的な情報入手や，遠隔地にある情報の入手にも重点が置かれていることなどは，人類文化の正常な発展のためには文化的情報資源の累積とそれの利用を保証する社会制度としての図書館の存在意義と必要性を示すものである。このためには，図書館は永続しなければならない。

　もとより，ここでいう永続とは，単なる時間的物理的な永続ではない。古来著名であるが，既に滅びて今日存在しない多くの図書館がある。図書館をシステムとしてとらえるなら，社会の発展，歴史の進歩とともに，そのあり方，形態が変化するのは当然であるが，コレクションの内容に代表される図書館の実質は永続されなければならない。また，それが継承された結果として，今日の人類文化があるといえる。したがって，図書館経営に際して，歴史的な展望の下に図書館というその組織を永久に存続させるという前提で図書館の使命を達成するという経営の考え方が必要なのである。

2. 図書館の経営管理の概要

　経営の機能は，一般に，作業(operation)と経営管理(management)に分けることができる。作業とは，経営要素の結合であるといわれるが，経営要素とは，一般には「ひと」，「もの」，「かね」といわれる経営の基本資源を意味し，図書館経営においては，「図書館職員」，「情報資源」，「利用可能財源」に相当する。この職員，情報資源，財源を組み合わせる，すなわち仕事をすることが作業である。この作業を図書館の使命達成のために，合目的的に，かつ効率的に行われるように仕向けることこそが経営管理の機能である。それ故，図書館経営とは，図書館の作業をその作業の成果を通じて，図書館の使命・目的を効率的かつ円滑に達成し，それにより経営要素のさらなる確保を可能ならしめて，次なる作業のよりよい実現に向かうサイクルを実現することにある。

図書館経営活動の基本的枠組みは図書館経営方針の設定を受けた管理活動のもとで作業が実行されることにある。すなわち，方針→管理→作業の階層をもつことになるが，その各階層での職能の内容は次のようなものである。

経営職能である組織の方針設定とは，組織の目的や理念を明確にし，これを実現するための方策としての政策や戦略を決めて，組織をそれに向けて動かすことにある。目的や理念は明文化されることが求められるが，図書館ではこれはミッション・ステートメント(mission statement)や長期計画の形で表わされる。わが国では図書館の設置条令や設置規程の条文をもって代用する例も多い。経営職能として，これは図書館長の基本的な職能に属する。

次に，管理，すなわち経営管理の職能とは，計画をつくって目標を示し(planning)，組織化(organizing)し，調整(co-ordinating)し，動機づけ(motivating)をして業務を実行させ，その成果と目標値との差異を是正するという統制(controlling)を通じて新たな計画を設定する一連の活動である(**1-2図**)。この一連の活動は循環するのでマネジメント・サイクルといわれるが，通常はこのマネジメント・サイクルを簡略化し，計画→実行→評価の各段階からなると表現する(**1-3図**)。計画においては意思決定が，実行においてはリーダーシップが，評価においては環境との調和が，それぞれ重視されている。これらは，館長を含め，管理者層の職能である。

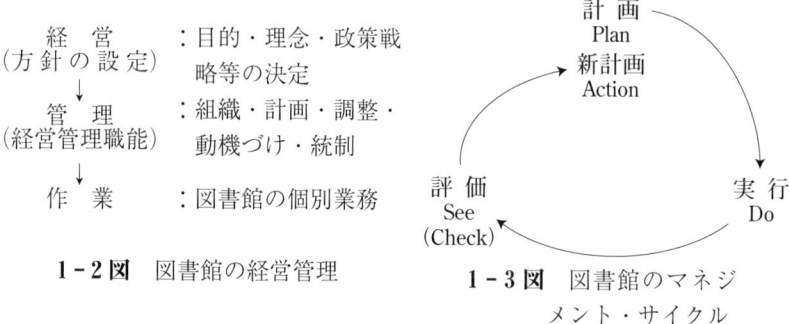

1-2図 図書館の経営管理

1-3図 図書館のマネジメント・サイクル

最後の「作業」と述べた各 operation とは，図書館で行われる図書館サービス提供のためのすべての仕事をいい，その内容は第3章で述べる。

3. 経営対象としての図書館：図書館の経営管理権の確立

　図書館経営の実行対象となる図書館とはどのようにして特定され，何をもって経営の単位とみなされるのであろうか。

　情報技術の進歩やサービスの発展の結果，本館と分館，同類図書館などをネットワーク化したり，業務の共通化を図ったりすると，個々のサービス・ポイントが一つの図書館なのか，グループ全体で一つの図書館と見なすのかが不明確になる場合がある。反対に図書館のサービスの本質的な性格として，研究図書館や学校図書館などに見られるように，その発展の初期においては，利用者の仕事の一部なのか，図書館業務なのかが未分化の場合もある。何をもって，どこからどこまでを一図書館とみなすか，という問題はたいへんむずかしくなっているが，このような経営管理職能の及ぶ範囲を不明確なままにおくことは図書館経営が無責任になり，未発達になる原因ともなる。

　公的な図書館などの場合には，図書館の設置の根拠となる法令や規程類での記述を，図書館とそれ以外の組織との区分や，一図書館としての組織単位の規定に利用している場合が多い。しかし，本来，図書館経営の見地から，この経営対象としての図書館について，何をもって一つの図書館とみなすか，という問題は，基本的で重要な問題である。すなわち，一つの組織としての経営管理単位となる図書館という組織は経営論的に規定されるべきである。いかに法令で図書館と規定されても，そこに図書館の専門職員がいなかったり，住民が真の図書館サービスとはみなさないレベルのサービスしか提供しない図書館では，これは図書館と呼べないし，また，法令上は図書館として扱われなくても，職員と，コレクション（蔵書）と施設・設備が充実して，利用者から優れた図書館サービスとして受け入れられているなら，これは立派な図書館で，図書館経営の模範とするに足る図書館といえる。

　それでは，何をもって一つの独立した図書館とみなすかといえば，"図書館の理念を具体化した目的のもとに，独立した経営権や管理権のもとで管理・運

営されている図書館サービスが図書館と呼びうるもの"[1]とされている。それでは,独立した経営権,管理権とは何か。先に述べた図書館の構成要素たる職員,コレクション,施設・設備を結びつけ,利用者の期待に応えられるサービスの提供を自律的に実行できる図書館のことである。この自律的な実行を可能にする経営管理を「独立した経営管理権」と呼ぶ。

もとより大半の図書館は,自治体,大学,企業,学校などの組織に付属するか,またはそれら組織と同一の管理下にある機関であるから,それら図書館設置機関の経営方針の枠内における図書館サービス提供のための自律的な経営管理権である。したがって,"図書館設置母体の承認のもとに,図書館業務に関する自主的予算執行権と,図書館人事権を確保"[2]している図書館が独立した図書館といえる。また,表面的には個別に独立した図書館のように見えても,同一の経営管理責任者によってその図書館の予算権と人事権が一体として執行されていれば,これは複数の図書館ではなく,一図書館とみなすべきである。

図書館における図書館業務遂行のための経営管理権の確保,すなわち,図書館業務の自主的実行と,それを可能にする自主的な予算執行権と人事権を確保することは図書館存立の基盤である。このことこそが,今日,図書館専門職にとって図書館経営の重要性が強調されるゆえんでもある。

---

1) 高山正也他:図書館概論　雄山閣出版　1992　p.16-17。〈講座　図書館の理論と実際　1〉
2) 同上書　p.88-89。

第2章　自治体行政と図書館

1. 図書館の設置と自治体行政

　本章では自治体行政に直接関係する図書館として，特に断わらない限り，公共図書館を前提として以下の話をすすめる。

　地方自治行政にとって，その目的である魅力的な地域社会の形成の見地から，その地域社会が都市型であれ農漁村型であれ，住宅地域，商業地域，鉱工業地域の如何を問わず，豊かな図書館をめぐる環境を作ることは大きな目標の一つである。その地域の特性に応じて，図書館だけでなく大学図書館や専門図書館が，それぞれに高度な専門情報サービスの提供をしてくれることは地域振興の上で，大きな魅力ではある。しかし，これら大学，専門，さらには国立国会などの図書館とのネットワークの窓口になり，自治体行政が直接関与できる公共図書館，なかでも公立の公共図書館は自治体が主体的に自らの地域社会における図書館環境を作りあげるための中心をなす施設である。

　また，公共図書館の専門職員としての司書にとっては，地方自治体の図書館振興策の現状や，行政と図書館運営との関連性を理解することは基本的事項といえる。そこで，この節では地方自治行政の見地から，公共図書館の設置，組織，管理・運営のあり方について紹介する。

（1）図書館設置の根拠法令

　公共図書館が生涯学習・社会教育のための機関であることは社会教育法の第9条によって明示され，この社会教育法の精神を受けて「図書館法」が制定されている。公共図書館の設置主体については，図書館法の第2条で「地方公共団体，日本赤十字社または民法第34条の法人・・・」と定められており，地方

公共団体の設置する図書館を公立図書館といい，それ以外の図書館を私立図書館という。地方公共団体には都道府県と市区町村があり，この都道府県と市区町村，および地方公共団体と国との間での，社会教育施設としての公共図書館設置に関する役割分担は，社会教育審議会の資料[1]に次のように示されている。

 国の役割： 国は，施設の設置，運営基準の設定や指導者の資格・配置の基準の認定等，社会教育施設の振興に関し，基本的な調査企画を行い，地方公共団体に対し，社会教育施設等の財政援助や各種の情報提供を行う…

 都道府県の役割： 都道府県は，まず自ら広域的な社会教育施設を設置運営し，…市町村を包括する広域地方公共団体として都道府県内の社会教育水準の向上を図るため，市町村に対し，管内の教育機関の管理・運営の基本的事項について必要な基準を定めたり，各種の資料を提供したりして，社会教育の振興に関し，指導・助言・援助を行う…

 市町村の役割： 市町村は，自ら社会教育施設を設置・運営し，…各種の学級・講座，各種集会，運動会等を開催し及び奨励し，社会教育資料を配布し，設備・器材を提供する等…

また，社会教育法で，図書館の設置・管理や社会教育行政担当の教育委員会の事務の役割分担については次のように規定している。

 第5条 市(特別区を含む)町村の教育委員会は，社会教育に関し，当該地方の必要に応じ，予算の範囲内において，左の事務を行う。

  四 所管に属する図書館，博物館，青年の家，その他社会教育に関する施設の設置，及び運営に関すること。

 第6条 都道府県の教育委員会は，社会教育に関し，当該地方の必要に応じ，予算の範囲内において，前条各号の事務（第3号及び第5号の事務を除く。）を行う外，左の事務を行う。

  一 公民館及び図書館の設置及び管理に関し，必要な指導及び調査を行な

---

1) 文部省編：急激な社会構造の変化に処する社会教育のあり方について（社会教育審議会答申）1971 84 p 。

うこと。
　二　社会教育を行う者の研修に必要な施設の設置及び運営，…に関すること。

このような役割分担が都道府県立図書館と市区町村立図書館の活動の根底に存在することを念頭に置き，日常の図書館活動を行う必要がある。

（2）図書館関係法令

「図書館法」や「社会教育法」に加えて，公立図書館の設置，管理・運営に関連する法律として，国立国会図書館法のほか，文部科学省の「生涯学習・社会教育行政必携」では次の各法律が列挙されている。

> 日本国憲法，教育基本法，学校教育法，生涯学習の振興のための施策の推進体制等の整備に関する法律，文部科学省設置法，地方自治法，学校図書館法，地方教育行政の組織及び運営に関する法律，地方公務員法，著作権法，郵便法，地方財政法，地方交付税法，補助金等に係る予算の執行の適正化に関する法律，その他

これらの法律は公共図書館活動遂行上，時に応じて依拠しなければならない法律であり，各法律の図書館活動に関連する条項に精通することが望ましい。

なお，近年読書離れや文字活字文化振興の必要性等に対処して「子どもの読書活動の推進に関する法律」「文字活字文化振興法」の2つの法律が制定施行されている。

（3）図書館の設置にかかる国と自治体の役割

公共図書館は教育行政組織上は教育機関に位置づけられ，「社会教育法」で，社会教育のための機関としての性格付けをされている。このことは公共図書館の運営に際して，教育委員会事務局の連絡担当課と緊密な連携が求められることを意味する。すなわち，予算，人事，事業全般にわたっての業務は，この連絡担当課との緊密な連携のもとに行われ，図書館運営は単なる図書館サービスの提供にとどまらず，図書館サービスの提供を通じて教育行政の振興やまちづ

くり振興行政の一翼を担うこととなる。

　この観点に立てば,公共図書館の運営の基本は,各自治体が策定している中・長期計画を受け,毎年,各教育委員会が出す教育行政重点施策の下で調整・決定され,実施に移される運営の基本方針と重点目標によることになる。もとより,この重点目標となる業務の計画には予算と人事等の裏づけがなければ実行は不可能である。

　この相互の関係を具体的に例示すれば,重点目標の一つに,「公立図書館等横断検索システムの整備」が取り上げられ,これが圏域内住民への資料情報提供の利便性向上の一環として実行に移される場合を想定すれば,この計画が自治体の中・長期計画や教育委員会の重点施策として承認を受けており(事業目的が合致しており),この計画を実行するための予算,人事,組織体制などが準備されていなければならないということである。

2. 公共図書館の歩み

（1）国・地方自治体行政と歩む公共図書館

　わが国の図書館の変遷をたずねると,古くは大宝年間の図書寮(ずしょ)や奈良時代石上宅嗣(いそのかみやかつぐ)が建てたといわれる芸亭(うんてい)などに求めることができよう。しかし,近代図書館の幕明けは,明治5(1872)年に文部省が湯島に仮館として博物局書籍館を開館したのが,公共図書館の原型と位置づけることができる。

　この書籍館は,東京図書館,帝国図書館などと,名称も所管する部門も変転したが,管理重視の図書館運営は維持され続けており,利用者にとって,利用に支障を来たす状況が垣間(かいま)みられたほどであった。

　こうした中で,図書館設置の必要性は,教育普及をすすめる国策や文明開花に対する国民の意識高揚からも指摘されるようになる。明治32(1899)年に図書館令の公布とも相まって,明治後期から大正時代には教育振興の母体となった教育会が中心となって全国各地で図書館建設をすすめるようになる。その結果,

第2章　自治体行政と図書館

明治末期には，府県立，市立，私立，合わせて44の図書館が設置運営されるようになる。

しかし，この頃の図書館は，利用が有料制であること，図書の排架は閉架式で，閲覧・借受けにあたって職員に申し出て行う出納方式であったため，一部の限られた利用者だけに利用されていた。さらに，昭和前期から終戦時まで，図書館運営は国家の教化政策に組み込まれ，統制されていく。

そして戦後，日本国憲法，教育基本法に基づく民主化政策の中で，図書館運営は利用者本位の，サービス（図書館奉仕）中心に行われるようになる。すなわち，戦後占領政策下で，ＣＩＥ（民間教育情報局）の図書館担当であったキーニー（Keeney, P.O.）の指導を受け，図書館再建計画にも図書館法の制定にも彼らの影響を受ける。

その結果，昭和25(1950)年には「図書館法」が施行され，今日の公共図書館運営の基本が定められる。その後，「図書館の自由に関する宣言」が全国図書館大会で決議されたほか，移動図書館（ＢＭ車）の運行が始められる。また，全国各地で「ＰＴＡ母親文庫」（長野県立），「ユネスコ協同図書館事業」（高知市立），「母と子の20分間読書運動」（鹿児島県立）などに見られる図書館振興への取組みが積極的にすすめられた。そして，昭和38(1963)年3月にまとめられた「中小都市における公共図書館の運営」と題する報告書が公共図書館に大きな影響を与えた。これは「中小レポート」と呼ばれ，住民に直接サービスを提供できる中小の公共図書館こそ基本だとする考え方を図書館界に広めた。

昭和40(1965)年，日野市立図書館の運営にあたって，前川恒雄は「図書館とは一つの建物をいうのではなく，市民に資料を提供するシステム全体を指す[1]」と述べ，図書館はシステムを構築することによって資料提供のサービスが優先されるべきだとする考え方を提唱した。

こうした中，全国の地方自治体では生涯学習推進への機運の高まりとも相まって，昭和45年，東京都の「図書館政策の課題と対策」をはじめとして図書館づくり政策のための検討が自治体間で続けられる。その結果，施設の大規模化，

---

1) 寺田光孝ほか「図書及び図書館史」樹村房　1999　p.172。

多様化を伴った施設建設が進められていく。

一方,公立図書館最低基準の廃止と望ましい基準案の策定の必要性がとみに高まり,平成4年には,生涯学習審議会社会教育分科審議会施設部会図書館専門委員会が「公立図書館の設置及び運営に関する基準について」をまとめた。さらに,平成9(1997)年,地方分権推進委員会の第二次勧告を受けて,規制緩和と地方分権化への取組みから,図書館法の一部改正をもたらした。

そして平成10(1998)年生涯学習審議会の答申を受けて,同審議会社会教育分科審議会計画部会図書館専門委員会が,同年12月から,「望ましい基準案」の策定に向けて検討を重ね,平成12(2000)年に「公立図書館の設置及び運営上の望ましい基準について」の報告書をまとめた。そして,平成13(2001)年7月18日付けをもって,図書館法第18条に基づく「公立図書館の設置及び運営上の望ましい基準」の告示が公布された（巻末の[**資料1**]参照)。今後,この告示の効果的運用が待たれている。

高度情報社会を迎え,情報機器の驚異的な進展の中で,これからの図書館運営の在り方が問われている。図書館整備の格差が,人々が享受すべき情報格差をも生じかねず,財源不足の中で,従来の経営のあり方にとらわれない徹底した管理運営の実施とサービス向上のあい反する課題の克服をどう進めていくかが大切な課題となっているのである。

3. 自治体行政と公共図書館の組織・管理と予算

(1) 組織・管理の根拠とねらい

図書館の組織体制はその図書館サービスのニーズを反映して決められた図書館施設の規模やサービスの種類などによって決定される。この原則の下で,公共図書館の運営は基本的に,管理部門,資料部門,サービス(奉仕)部門に三区分されるので,これを反映した組織となる。公共図書館のうち,都道府県立図書館では総務・管理,資料・奉仕などに分けたり,市町村立図書館を支援する

業務を中心に企画協力とか調査協力とかの組織をおく図書館もある。このような公共図書館の組織の事例を都道府県立図書館と市町村立図書館につき，それぞれ1館ずつ示す（**2-1図，2-2図**）。

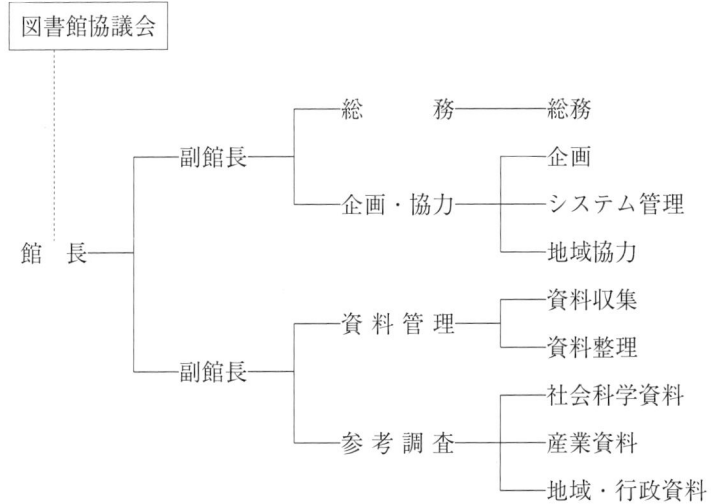

2-1図 埼玉県立浦和図書館の組織・機構
（出典 平成18年度埼玉県立浦和・熊谷・久喜図書館要覧）

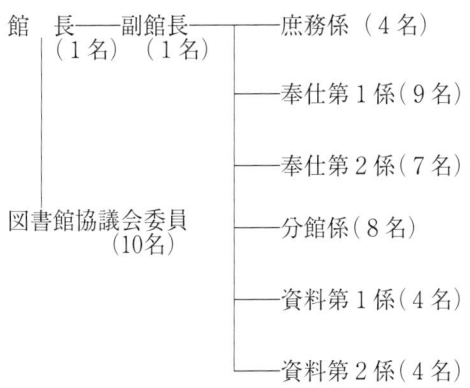

2-2図 浦安市立図書館の組織・機構
（出典 平成18年度 浦安市立図書館概要）

なお，これらの組織はそれぞれの自治体の条例，規則で根拠が与えられる。

（2）職員定数とその配置

公共図書館職員の定数は，図書館を所管する教育委員会事務局職員の総数の中に一括して計上し，自治体の定数条例で示されているケースが一般的である。個々の公共図書館の定数は施設の規模や事業量に見合うように決められるべきであることはいうまでもないが，併せて根拠にされる数値には，以下に述べるように行政上，法令に定められたり，各種基準に採用された数値を利用する場合もある。

すなわち，このような数値の例としては，各会計年度ごとに見直しが行われ，各地方公共団体に財源措置として交付される地方交付税交付金の単位費用積算基礎のうちの「その他の教育費（図書館費）」の中に示される数値がある。

また，平成13年7月に公布された告示「公立図書館の設置及び運営上の望ましい基準」で述べられているように，図書館の専門的機能が十分に果たしうるために必要な人員の確保が求められ，告示に先だってまとめられた図書館専門委員会報告書（平成12年12月8日付）の数値目標例（巻末p.161参照）を参考に各自治体で決めていくことが望まれる。

公共図書館へ寄せられる期待が高まり，図書館が生涯学習社会や高度情報社会での中核的な活動が期待されている現在，量的確保だけでなく，司書職の確保など質的にも充実した職員の配置が求められている。

4．公共図書館の予算と財源

（1）予算編成のしくみと実態

予算は毎年4月1日に始まり，翌年の3月末日に終了する会計年度内の歳入，歳出をもって構成される。この予算の編成と執行などの作業は公共図書館のサービスの年間計画の立案と実行でもある。予算の編成作業は，地方財政法に

定められたように財政運営の健全性に配慮しつつ，必要に応じて，地方債の発行や国の補助金なども考慮に入れて行われる。さらに基準財政収入額が，基準財政需要額に満たない地方自治体には国から地方交付税の措置が受けられる。

このように財源は多岐にわたるが，図書館に使われる財源は一般に，地方自治体が自由に使うことができる(国からの紐付きでない)一般財源と，国から使途を指定された補助金がある。一般財源についても，地方自治体はそのすべてを地方税の収入でまかなうことはできず，地方税の収入に加えて，地方交付税交付金や地方債の起債によって必要財源を調達している。

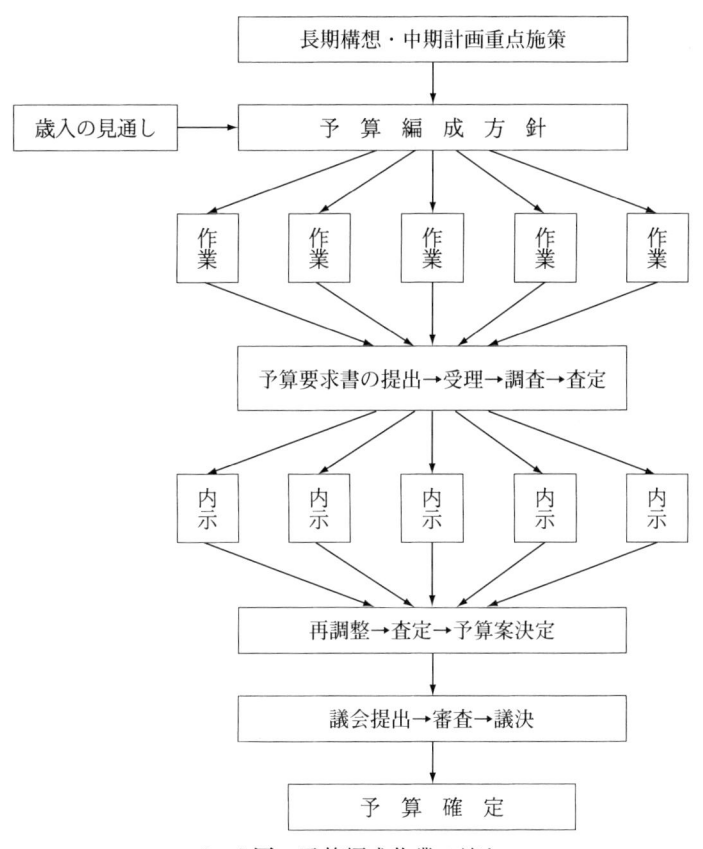

2-3図 予算編成作業の流れ

地方交付税とは，所得税，法人税，酒税，消費税，タバコ税など，国税として国の歳入の一定の割合を地方公共団体に交付し，図書館活動を含む地方公共団体が行うべき業務を均(ひと)しく遂行できるようにすることを目的に，地方自治体の財源保証と財源調整の機能をもった，国から地方自治体へ再配分される財源である。その総額は一定の算式のもとに計算された総額の中での地方自治体への配分となる。

こうして，当該年度の歳入状況をもとに次年度の予算編成方針が示され，提示された予算方針が教育委員会事務局を経て，図書館に示されると，図書館内での予算編成作業が始まる。この作業の過程は予算編成方針をふまえて，担当課ごとに細かな検討作業が積み重ねられ，財政責任部署で調査・調整の上，内示，再調整を経て予算案として議会に提出され，議決を経て，予算として確定する。この過程を簡略にフローチャートとして（2-3図）に示す。予算は最終的に予算書としてまとめられるが，この予算書に記載される予算項目は，地方自治法施行規則第15条に示された予算分類による，款，項，目，節に区分されている。

（2） 多様化する図書館の財源

公共図書館の運営の財務的な裏付けの基本は図書館設置の自治体が図書館運営に必要な規模の予算措置を講ずることである。その自治体の財源は前節で述べたように，自治体の一般財源と国からの補助金等に分けられ，一般財源は主に地方税収入，地方交付税交付金，及び地方債の起債等によって調達される。

しかし近年，国も自治体も財政状態は厳しく，その結果，国からの補助金や自治体の起債による財源の確保は極めて難しくなっている。残る地方税や地方交付税交付金も，大幅な税収の増加見込みはたてにくく，その結果，図書館の分野でも増大する図書館サービス需要に応じた予算の増額は難しい。そこで多くの図書館では業務の合理化，コスト削減などを図るべく，省力化，業務の外部委託，派遣職員の受入れなどの方策を用いてきた。

このような流れは国際的にも見られ，1980年代以降，英国をはじめとする諸

国で，行政実務の現場を通じて形成された革新的な行政運営理論がNew Public Management（NPM）として確立し，これが行政組織の末端に位置する図書館にも適用されるようになってきた。このNPMの代表的な手法にPFI（Private Finance Initiative）がある。

PFIとは，民間セクターの資金調達能力，技術的能力，経営能力など多様なノウハウを活用し，公共政策を実施する手法である。具体的には，図書館の建築，維持管理，運営等をより包括的に民間に委ね，10年以上にわたる長期契約のもとで発生するリスクを官民で適切に分担し，財源不足の自治体においても良質で低廉な図書館サービスの提供を可能にしようとするものである。

しかし，PFIは本来，施設や建築物など新築や大改修等で，大規模投資を要する事業に用いられる手法で，長期的に投資回収が計られる。ところがわが国では，自治体の財政状態の逼迫のもとで，施設や設備の更新を行うとともに，同時に新たな図書館施設のもとでの効率的な運用により，図書館事業にかかる総経費の圧縮を計りたいという思惑が財政当局にあり，PFI実施に併せて図書館業務の全面的な外部（民間）委託への要求が強まった。折しも，2003年9月の改正地方自治法により，従来自治体の直営又は外郭団体に限定されていた公共サービスの運営が民間に開放されることとなった。この行政環境に即応した図書館運営が「指定管理者制度」による図書館運営である。

したがって，指定管理者制度のもとでは，大規模投資資金の調達だけではなく，主にコストの削減とサービス向上が目的になる。しかし図書館サービスの利用者から見れば，図書館サービスの量・質の両面からの向上が望まれるので，自治体財政当局の望む，民間能力を生かした運営コスト削減だけでなく，費用対効果の改善を図りつつ，いかにサービスの向上が達成できたかを知る評価指標の考案や，そのような評価体系のもとで努力する指定管理者への誘因の与え方などの課題を考察することの必要性もある。

なお，内閣府では図書館事業をPFIとして展開するには，次の8原則を満たすことを求めている。

① 図書館事業を公共的事業として遂行する。（公共性原則）

② 民間の資金，経営能力および技術的能力を活用する。（民間経営資源活用原則）
③ 民間事業者の自主性と創意工夫を尊重することにより，効率的，かつ効果的に図書館事業を実施する。（効率性原則）
④ 事業者の選定においては公平性が担保されている。（公平性原則）
⑤ 事業の全過程を通じて透明性が確保される。（透明性原則）
⑥ 事業の各段階における評価決定について，客観性がある。（客観主義原則）
⑦ 自治体と事業者との役割および責任分担等の契約内容が明文化されている。（契約主義原則）
⑧ 事業を行う企業の法人格上の独立性，または経理上の独立性が確保される。（独立主義原則）

(3) 図書館の会計

a．会計の単位としての図書館

わが国の公共図書館の大半は地方自治体によって設置され，その経営資源は自治体によって提供されている。また，大学図書館，学校図書館についても，私立学校としての学校法人によって設置された図書館を除けば，その経営資源は国または地方自治体によって提供されている。昨今，図書館界での図書館経営に対する関心の強まりと時を同じくして，国や自治体の経営に対しても，一般納税者の関心が高まり，情報公開の動きともあわせて，自治体の経営情報の公開要求が強まってきた。

また，財政事情の深刻化と社会の高度化による財政需要の膨張は，自治体における公会計の原則を現金主義から発生主義へと変換させ，これは従来の予算と決算の報告による現金の出納状況の公開に加え，複式簿記による貸借対照表の公開となってあらわれた。この動きは早晩，公的な財源に依存する図書館にも及ぶものと考えられる。

b．図書館の会計公表の必然性

　2001年1月からの中央省庁の再編に伴い，全省庁に「政策評価制度」が導入されることが決まっている。「政策評価」とは行政の事業や政策に無駄がないかどうかを個々の仕事別に点検する仕組みをいい，その評価結果は各省庁から，もしくは新たにできる総務省の行政評価局が国民からの評価の要望に応じて行う評価（改善勧告）を通じて国民に公表される。

　この政策評価を中央省庁が具体的にどのような形で公表するかは，まだ必ずしも明確ではないが，2000年10月時点で，大蔵省は従来の単年度での現金の収支だけを示す予算と決算の形式に加え，国の財産状況を示す貸借対照表を極めて大まかな勘定科目ではあるが初めて公開した。

　また，自治省が同じく2000年10月に発表した調査結果では，従来，国と同様に，単年度の現金の収支だけを示す予算・決算の報告のみを行っていた全国で3,200余の地方自治体の中，80％以上の自治体が，貸借対照表を作成，または作成の検討をしているという。その内訳は，都道府県では100％，市では60％以上の市が既に貸借対照表の作成に着手しており，検討中も加えると97％の市が，近い将来貸借対照表を公表することになるという。

　一方，図書館の世界では，公共図書館の99％が公立図書館となっているわが国にあっては公共図書館が，また大学図書館の世界でも国・公立大学図書館がその財源を有効に支出し，経営が効果的に行われていることを立証すると共に，継続的に図書館への充分な予算配分を可能とするために，設置組織からこのような貸借対照表作成を求められる可能性が極めて高くなる。従来，毎年多額の資料費を消費し，相当な予算を投じた施設や設備・機材を所有する図書館がその会計報告を単に単年度の決算報告だけにとどめ，所有資産の状況を明らかにする貸借対照表を明らかにしなかったのは極めて不思議であり，不自然と言わざるを得ない。

　このような事態が生じた理由として，図書館には，営利組織に適用される会計諸原則の適用は馴染まないというのが主な理由であったと推定される。図書館という組織の経営に貸借対照表に代表される図書館会計が馴染まないからと

いう根拠は,営利組織を対象にした会計は「発生主義」の原則を採るのに対し,官庁会計では「現金主義」の原則を採用しているということ以外には見あたらない。しかし前述のように,自治体の公会計においても現金会計から発生主義会計への動きが着実に進展している。

　何よりも,図書館,なかでも公共図書館は現代の地域コミュニティの構成員に対して情報資源へのアクセスを保証するための不可欠な社会制度として機能しなければなれない。このためにも情報資源へのアクセスを保証する対象である地域コミュニティの構成員に対し,図書館の経営に関する基礎的な情報が会計システム形式で公表・開示されていないのは極めて不自然であるといえる。

5. 図書館の運営と自治体行政

(1) 行政施策と図書館運営

　公共図書館は,設置自治体や教育委員会が掲げる中・長期の構想や計画に具体化されている行政施策に依拠しつつ,図書館としての使命達成の基本方針のもとで,運営の重点目標を掲げ,その実現に向けて活動する。
　この状況を,埼玉県の事例をもとに説明する。

　埼玉県では,県行政が提示する長期構想等をふまえつつ,毎年教育行政重点施策を掲げ行政施策の推進に当たっている。平成18(2006)年度は,次のような施策内容となっている。すなわち,「21世紀を担うたくましい心豊かな人づくり」を目指して,「人づくり」「教育環境づくり」「地域づくり」を基本理念に時代や社会の変化に柔軟に対応すべく「1生涯を通じた多様な学習活動の振興」など7つの柱を掲げている。そして,図書館に関係する施策としては,「図書館・青少年教育施設における活動の充実」が第一の柱に入っている。
　このような施策をふまえ,埼玉県立図書館では,県立3館が相互に連携を保ちながら一体的な運営を図り,地域図書館網の拠点として,図書館資料,調査

相談等の充実に努める。また，市町村立図書館等との連携のもとに，効果的な図書館活動に努めるため，次の諸事項を推進することとしている。
(1) 高度で専門的な資料を収集・蓄積し，県民の調査研究に対する支援機能を充実する。
(2) 情報通信技術の進展に対応した図書館サービスの提供を図るため，電子図書館化を推進する。
(3) 県内市町村立図書館等との連携を進め，図書館ネットワークの中核としての機能を推進する。
(4) 県民の自主的・自発的な活動を支援し，県民が求める学習機会の提供に努める。

この基本方針のもとに，平成18年度埼玉県立図書館の重点施策は次のとおりとなっている。

［平成18年度　埼玉県立図書館の重点目標］

1. 分野別専門館体制の強化を図る。
(1) 各館の分担分野の参考図書・専門図書の充実に努める。
(2) 県民の専門的な調査研究活動を支援するため，3館が一体となってレファレンスサービスの向上に努める。

2. 電子図書館化の推進に努める。
(1) 県内市町村立図書館等との緊密な連携のもとに，横断検索システムの円滑な運用を図る。
(2) インターネットによる貸し出し予約や電子メールによるレファレンスなど，情報化に対応した利用者サービスの充実に努める。
(3) 図書館業務のIT化の推進と利用者サービスの向上を図るため，図書館コンピュータシステムの機能の充実に努める。

3. 利用者の立場に立った図書館サービスを推進する。
(1) バリアフリーな利用環境の整備に努めるとともに，視覚障害者への対面朗読サービスを積極的に推進する。
(2) 図書館情報活用講習会の開催などを通じて，県民の情報リテラシー向

上を支援する。
4. **県内市町村立図書館等との連携の強化に努める。**
   (1) 県内市町村立図書館等への協力貸し出しを推進するとともに，物流システムやネットワークの充実に努める。
   (2) 協力レファレンスの充実や研修事業の展開を通じて，市町村立図書館支援に努める。
   (3) 埼玉大学図書館及び埼玉県立大学情報センターとの相互協力の推進に努めると共に，他の県内大学図書館，高校図書館及び県内外図書館関係団体等との連携協力を図る。
5. **県民の期待にこたえられる図書館運営に努める。**
   (1) 広聴・広報活動の積極的な推進を通じて，県民ニーズの把握に努めるとともに，図書館だよりやホームページの内容の充実を図る。
   (2) 図書館指標の数値目標を設定するとともに，達成状況の評価及び公表を通じて，図書館運営の向上に努める。
   (3) 図書館コンピュータシステムの適切な管理に努めるとともに，個人情報の保護に万全を期す。

　この目標達成に向けて，県立図書館としての日常の活動が行われ，その成果はこの目標に照らして評価される。この種の目標や施策は予算要求の際の政策的な予算の要求根拠ともなり，予算の裏付けと，人事面での手当が行われてはじめて実行可能となり，施策として公表もできるようになる。
　公立の図書館は地方自治体によって設立される以上，自治体の行政の一翼を担っている。すなわち，都道府県，市町村の構想や計画を受け，教育委員会の教育行政の重点目標として示される社会教育の枠の中で，図書館の基本方針や重点目標を定めて，それにより図書館の日常活動を展開することに留意する必要がある。

（2）図書館等公の施設の管理運営をめぐる動き

　行政改革としての規制緩和や大綱化の波は，公の施設の管理運営形態のあり方にまで及んでいる。平成15(2003)年9月に「地方自治法」の一部改正において「指定管理者制度」の導入が行われることとなった。

　この指定管理者制度は，従来の管理委託制度とは異なり，地方公共団体の指定するもの（「指定管理者」という）に，公の施設の管理の全部または一部を行わせることができるもので，指定管理者の範囲に制限はなく，株式会社等の民間事業者でも対象となりうる。また，企業事務を含めての代行もできるというものである。

　なお，従来の管理委託というのは，地方公共団体が条例の定めるところにより，公の施設の管理を地方公共団体が出資している法人他に委託することができるとされていたもので，受託者の範囲は，地方公共団体の出資法人のうち一定要件を満たすものに限られていた。また，権力的色彩の強い事務，たとえば使用許可権，館長業務の委託等はできないとされていた。

　それが，今回の指定管理者制度の導入は，施設の使用許可も利用料金の適正徴収も可能というものである。しかも，指定管理者は民間事業者も含めることができるという点に特徴がある。

　ただ，指定管理者の指定，利用料金制度の導入にあたっての地方公共団体の承認，行政財産の目的外使用，不服申し立てに対する決定等については設置者たる地方公共団体の責任範囲内にあるとされ，一定のしばりは設けられている。

　しかし，実際的な運用面では未だ不明な部分も多く，予断を許さない状況となっている。特に，図書館は教育行政の一翼を担う社会教育施設でもあり，他の一般的な公共施設とは異なるところから，この制度の導入の意図とされる，民間事業者が有する専門的手法の活用，管理経費の節減等による利用者満足度の向上への期待だけで，この制度を導入・実施するには大きな不安材料があるとする見方が図書館界に根強く残っている。しかし，これからの図書館運営をめぐっては，さらなる変化が求められるとする考え方が予想されている。

(3) 管理運営の根拠規定

　図書館は情報や資料を提供することを基本とするサービス機関である。このため，統制的な，あるいは規制的な側面を極力抑え，利用者志向の観点からの便宜供与に重点を置いて，諸規則を綿密に整備しなければならない。

　まず，開館日(休館日)の設定，開館時間，利用サービス(パブリック・サービスともいい，閲覧，貸出，参考業務など利用者に対して直接的に提供されるサービスの総称)の内容などは規程類によって，具体的にその活動の根拠が与えられる。

　もちろん，これらの規程類は図書館本来の活動，特に図書館サービスの提供が円滑に行われるためにはどうあるべきかの視点に立って検討されていなければならない。それ故，時代や図書館をとりまく環境の変化に敏感に対応することが求められる。規程類ではこの敏感な対応ができないとなれば，規程類に代えて，図書館のスタッフ・マニュアルに記述することもある。

　多くの自治体での図書館法第3条を受けて，図書館の管理運営規則を設け，そこに図書館サービスの内容を具体的に記載している。一例として，千葉県浦安市立図書館の管理運営規則を，以下に示す。

[浦安市立図書館管理運営規則]
第2条　図書館は図書館法第3条の規定により，次の事業を行う。
 (1) 図書館資料の収集，整理及び保存
 (2) 図書館資料の貸出し
 (3) 地方行政資料及び郷土資料の収集並びに貸出し
 (4) 視聴覚資料の収集及び貸出し
 (5) 読書案内
 (6) 参考相談
 (7) 分館の運営
 (8) 移動図書館の運営

(9) 読書会，研究会，講演会，鑑賞会，映写会，資料展示会等の主催及び奨励
(10) 館報その他の読書資料の発行及び頒布
(11) 時事に関する情報及び参考資料の紹介及び提供
(12) 図書館利用に障害のある者に対する援助
(13) 他の図書館，学校，公民館，研究所等との連絡及び協力
(14) 市内学校図書館との連絡提携
(15) 図書館資料の図書館間相互貸借
(16) 読書団体との連絡及び協力並びに団体活動の促進
(17) 地域図書館活動に対する援助
(18) その他図書館の目的達成のために必要な事業

　以上は，図書館サービスの内容についての運営管理規則の一例であり，個々の図書館ごとにその図書館の特性に合わせてサービス内容を検討する必要があることはいうまでもない。

　ところで，情報量の増大，出版活動の多様化，さらに社会の複雑化などにより，利用者からの多様な要求に単独館だけで対応するには限界が生じてきている。そこで，公共図書館の世界では，利用者の行動圏の広がりに応じて，図書館機能の相互補完を図るために，数市町村にまたがる広域利用協定が行われるようになってきた。

　地方自治法第244条の3により，地方公共団体は他の地方公共団体の公の施設を，協議により，自己の住民の利用に供することができるのである。この例として，「諏訪地域公共図書館情報ネットワークシステム」の概要を紹介することにする（巻末 **[資料2]** p.162参照）。[1] この地域は，長野県諏訪湖を中心に諏訪盆地を形成する岡谷市，諏訪市，茅野市，下諏訪町，富士見町，原村の6市町村で構成されている。この地域内に居住する住民の一体感が広域圏図

---

1) 文部省編『地域と施設をこえて―公立図書館における連携・協力の実践事例集―』1997 p.32～。

書館サービス網の構築に大いに役立っている。

　平成6年4月からコンピュータ・ネットワークシステムの導入準備に着手し、①6市町村同一歩調によるデータ入力作業　②地方自治法第244条の3第2項に基づく議会の議決　③各市町村図書館の貸出規則の改正　④オンライン情報提供による個人保護条例の整備　⑤利用者カード貸出期間・貸出冊数の統一などの事務を進めた。そして、平成7年4月1日からスタートした。

　このネットワークシステムの特徴は次のとおりである。

(1) 各図書館からセンター館（岡谷市所在の諏訪広域総合情報センター）にアクセスすれば、諏訪地域の公立図書館の図書の検索、貸出情報、貸出予約が行える。

(2) センター館に新刊MARCを持つことで、自館のパソコンへ図書データを入力することが容易になる。

(3) 本の発注業務もパソコンで行える。

(4) 諏訪地域の公立図書館なら、1枚の利用者カードで、どこでも本が借りられる。

(5) 希望する本を予約すると、センター館より翌日に最寄りの図書館に本が配送される。

　このように、広域利用が発展すると、一般的には次のようなことが行われるようになると考えられている。[1]

(1) 図書館資料の共有化

(2) 資料情報の共有化

(3) 共通利用券発行のため共通の利用登録システムと、バーコード体系の統一

(4) コンピュータ・システムの共用化

(5) 搬送車の巡回

(6) 資料の分担収集・保存

---

1) 埼玉県公共図書館協議会図書館システム・ネットワーク専門委員会　埼玉県内市町村立図書館の広域利用実態調査書　1997　p.6～7。

(7) 人事などの交流
(8) 自治体業務の平準化

（4）制度としての図書館協議会：諮問，答申

　図書館をはじめ博物館や公民館など，わが国の社会教育施設は，法制上，民意を反映した施設運営をすることになっている。このために，公共図書館では図書館協議会が設置される。図書館協議会は，図書館法第14条で規定されているように，図書館運営に関し館長の諮問に応じるとともに，図書館の提供するサービスについて，館長に意見を述べる機関でもある。図書館法はまた，その第15条で，この協議会を構成する委員の選出分野を規定しているが，その選出分野は，平成11年の法改正で，学校関係者，社会教育関係者，学識経験者の中から当該教育委員会が任命することとなった。

　図書館協議会の設置の趣旨は，あくまでも図書館の運営について民意を反映させるために，図書館外部の意見を聴取することにある。このために協議会委員の選出分野が上記の各分野でよいかどうか，選ばれた委員が広く利用者の声を代表しているかは，常に問題にしなければならない。さらに，図書館サービスに寄せる住民の期待の増大，サービス要求の多様性に対処できる運営を図るために，日常の業務遂行の過程で，利用状況や利用者の声などに注意をはらい，民意にかなった図書館運営とするよう全職員が日常業務を通じて実践することが求められていることは当然である。

（5）図書館事業の実際とねらい

　図書館における事業とはなにか。行政用語としての事業とは「法律的な効果をもたらす行為を含まず，権力の行使を本体としない同種の行為の反復的継続的遂行に関して用いられる」[1]とされている。この解釈に立てば，公共図書館が住民に対するサービス機関として位置づけられている以上，公共図書館の

---
1) 今村武俊編著：新訂社会教育行政入門　第一法規　1975　p.77。

サービス活動はすべて事業として位置づけることができる。ただ，図書館の事業を円滑に進めるために，予算との関係で見ると，図書館の予算のテクニカル・サービス(収集・整理)業務に割かれる比率が大きく，パブリック・サービス(図書館奉仕)業務に割かれる比率が小さい。現在までの公共図書館では奉仕業務予算としてわずかに展示事業や教育・文化講演会事業などが予算化される主な項目になる。このため図書館の事業とは教育・文化事業に限定していわれる場合が多い。

このような公共図書館における教育・文化事業には学級，講座，講演会，展示，展覧会などがあり，その事業の実施目的には，当該施設の利用の普及・奨励，教育・文化の普及・奨励，読書普及のための触発機会の提供などがあげられている。したがって，この種の事業は図書館資料との直接的な関わりはなくとも，多角的な学習法を通して，図書館の本来の設置目的に関係し，図書館資料や情報サービスへの関心を喚起する重要な活動となる。

第3章　図書館業務の理論と実際

　本章では，図書館の諸業務を，便宜的に一次的業務と二次的業務に分けて考える。一次的業務とは，利用者サービスや図書館維持のために，具体的な作業として日常的に行われる業務を指している。二次的業務とは，図書館の諸業務を統合・調整するための業務であり，これは経営管理業務と呼ばれている。

　本章では，図書館業務に携わる人々の心得るべき，また図書館の業務に共通する諸原則を紹介し，その後，諸業務の関係を整理した上で，具体的な業務（一次的業務）について述べる。経営管理業務（二次的業務）については第6章で扱う。なお，業務執行の効率化・合理化についても最後にふれる。

1. 図書館業務と経営

（1）経営という観点と図書館学の法則

　図書館の業務を，本書の主題である経営という観点から概観する場合，図書館で行われる業務の使命(mission)や目的[1]が重要になる。というのは，図書館の諸業務は，これらとの関係のものとで体系化され，位置づけられ，適切に管理されなければならないし，それらは図書館職員にとって有効な行動指針とならなければならないからである。

　図書館業務の使命や目的を明示したものとして，「図書館学の五法則」が有名である。この五法則は，インドの偉大な図書館学者であるランガナータン (Ranganathan, S. R.) によって，1931年に提唱されたものである。以下に，これを紹介する。

---

[1] ここで，使命は業務の存在意義にかかわる役割・機能を指しており，目的は業務の目指すゴールを指している。

図書館学の五法則
　第一法則：本は利用するためのものである
　第二法則：本はすべての人のためにある
　第三法則：すべての本をその読者に
　第四法則：読者の時間を節約せよ
　第五法則：図書館は成長する有機体である

　第五法則にあるとおり，現代の図書館は，この「法則」が提唱された時代から相当に成長・変化している。したがって，現在では，「本」は「資料」（または「情報」）に，「読者」は「利用者」に置き換えた方がわかりやすいかもしれない。

　このほかに，有名な図書館業務の執行に関する原則には，20世紀において最も成功した図書館といわれた，イギリスの科学技術貸出図書館（The National Lending Library for Science and Technology：ＮＬＬ，現英国図書館文献供給センター：British Library Document Supply Center：BLDSC）の創設者であるアーカート（Urquhart , D.）の図書館業務の基本原則（巻末[**資料3‐2**] p. 171）もある。[1]

　アーカートの言うように，図書館の原則とは，時の経過や技術の発展によっても変化せず，全ての図書館に適用可能な原則でなければならない。原則とは「行動の指針」であり，新しい状況や発展段階に直面したときに何をどうなすべきかを決断するにあたって，価値あるものでなければならない。したがって，図書館学の原則とは，図書館員の行動指針として，電子図書館やバーチャル・ライブラリーになっても有効でなければならないし，それは図書館に固有の原則である必要はない。また図書館員にとって有効な原則は他分野の人にとっても有効な原則となるであろう。

---

1)　アーカート, D. 著, 高山正也訳：図書館業務の基本原則　勁草書房　1985　p.3-4。

（2）業務の四分類

　図書館の活動を館種や規模などの差異を捨象し，機能的に再分類すると，図書館の諸業務は，次の四つにグルーピングすることもできる。一つは，閲覧・奉仕業務（パブリック・サービス）である。これには，対象別サービスや資料利用の直接援助などの業務が含まれる。二つは，資料整理業務（テクニカル・サービス）である。[1] 詳しくは，本章の第3節において具体的な業務に言及する。三つは，管理業務（総務業務）である。これには，パブリックサービスやテクニカルサービスに属する図書館業務を円滑に行うために必要な業務が含まれる。四つが，第6章で取り上げる経営管理業務である。

　閲覧・奉仕業務は，利用者のフロント・エンドにあるサービス業務である。これは，多くの場合，図書館員が利用者との間に直接介在して行われる（したがって，ここでなされるサービスは直接サービスと呼ばれることがある）。資料整理業務は，フロント・エンドにあるサービスが効率的かつ有効に行われるよう，バック・エンドから支えるサービス業務である。このサービスが提供される時点では，図書館員は，利用者との間に直接的には介在しない（したがって，ここでなされるサービスは間接サービスと呼ばれることがある）。この両者は，直接・間接の差はあるものの，ともに，利用者サービスにかかわる業務である。

　管理業務は，図書館を維持し，閲覧・奉仕業務や資料整理業務がうまく遂行されるよう，これらの基盤を提供する業務である。そして経営管理業務によって，これらの諸業務が，図書館の使命や目的に向かって調整・統合される（3-1図）。したがって，経営管理業務にはその他の三種の業務とは異なる次元からの考察が必要とされる。

1）　本来なら，文部科学省の『学術用語集』に基づいて，「パブリック・サービス」と「テクニカル・サービス」に対応する用語としては，それぞれ「利用サービス」，「整理業務」という用語を使用すべきかもしれない。しかしながら，この用語では，文脈によっては，業務の関連関係がうまく表現できない箇所があるので，本書では，それぞれ，「閲覧・奉仕業務」，「資料整理業務」という用語を使用することにした。

3-1図のように,図書館では,利用者の前面に出る業務,それを支援する業務,これら両業務の基盤となる業務が互いに関連し,これらが経営管理業務によって統合・調整され,使命や目的に向かって一団となることで,図書館が全体として機能する。

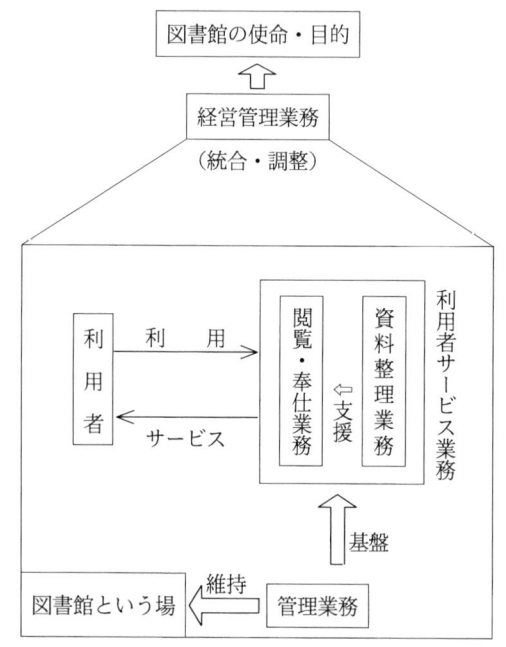

3-1図　閲覧・奉仕業務,資料整理業務,管理業務および経営管理業務の関係

(3)　図書館の業務分析

巻末 [**資料3-1**]（p.164）に示すように,2000年に,日本図書館協会（Japan Library Association：JLA（略称「日図協」））から発行された「専門性の確立と強化を目指す研修事業検討ワーキンググループ」によって,図書館の業務分析（以下,日図協の業務分析）がなされている。[1] ここでは,公共図

---

1) 専門性の確立と強化を目指す研修事業検討ワーキンググループ　報告書　日本図書館協会　2000　p.21。

書館の諸業務が，経営管理，資料管理，利用サービス，システムの活用と運用管理の四つに大きく分けられている（なお，大学図書館の諸業務も分析されているが，そこでは，資料管理がコレクションマネジメントと資料組織に細分され，それゆえ，業務が五つに区分されている）。

　日図協の業務分析における業務分類と本書の業務分類には，若干の違いがある。ここでいう資料管理は，本書でいう，資料整理業務と対応し，利用サービスは閲覧・奉仕業務と対応する。しかし，本書でいう管理業務が日図協の業務分析にはなく，日図協の業務分析でいうシステムの活用と運用管理が本書にはない。前者は，日図協の業務分析が，経営管理に管理業務を含めていることに起因している。後者は，本書が業務の機能という面を重視して，これをグルーピングしいることに起因している。すなわち，業務の機能という面からは，システムの活用と運用管理は管理業務に含まれるのである。しかしながら，図書館業務におけるコンピュータの重要性や組織区分という側面を考えあわせると，日図協の業務分析のように，システムの活用と運用管理という大分類を設けるのも，一案といえよう。

　以下では，図書館の使命や目的を実現するためにさまざまに展開されている諸業務のうち，閲覧・奉仕業務と資料整理業務および管理業務について述べる（既述のように，本書では，経営管理業務はこれらと次元を異にすると位置づけているので，これについては第6章にゆずる）。その際，図書館経営論という本書の主題から，前二者については簡単な紹介にどどめ[1]，管理業務については，これの種類についてふれた後，これに含まれる諸業務のうち，庶務業務に限って解説する。[2]

1）　閲覧・奉仕業務，資料整理業務の詳細については，本シリーズの『図書館サービス論』，『情報サービス概説』や『資料組織概説』などを参照されたい。
2）　庶務業務以外の業務は，本書の他の箇所，たとえば，2章-3，5章，6章-3などを参照されたい。

2. 閲覧・奉仕業務（パブリック・サービス）

以下では，ここに含まれる諸業務を，サービス機能，サービス対象という点から大別して述べる。

（1）サービス機能別業務

この類別と対応する業務としては，閲覧・貸出サービス，レファレンス・サービス，読書相談，利用教育といった業務を挙げることができる。

1）閲覧・貸出サービス　閲覧サービスは，資料を館内利用するためのサービス業務であり，貸出サービスは，資料を館外利用するためのサービス業務である。前者は，資料を排架して，利用者が直接図書を利用できるようにしたり（開架式），書庫内の資料を，利用者の求めに応じて図書館員が提供する（閉架式）ことによってなされる。後者は，利用者の求めに応じて所定の手続き（貸出手続き）を経ることによってなされる。なお，多くの図書館では，館内利用サービスに加えて複写サービスも実施されている。

2）レファレンス・サービス（参考奉仕）　図書館は，利用者が自身の求める資料を容易に利用できるように資料を整理しているが（この作業は，後述の資料整理業務に含まれる分類・目録業務によってなされる），これのみでは，利用者は求める資料や情報に十分にたどりつけない。そこで，図書館員が利用者を直接援助するサービスが必要となる。これがレファレンス・サービスである。主に，利用者の図書館や資料・情報サービスへの要求に図書館員が個別に応えるという形式で，サービスが提供される。[1]

3）読書相談　これは，利用者が読む資料の選択に迷っているときに，図書館員が助言を与えるサービス業務である。これには，学習目的をもった利

---

[1] 実は，レファレンス・サービスには参考奉仕のほか，さまざまな呼称があり，その内容と範囲についてもさまざまな見解があるのだが，これについては，本シリーズの『情報サービス概説』を参照されたい。

用者に対して，その目的に合った資料を系統的に提供するといった業務も含まれる。なお，児童や青少年などに読書への興味を起こさせたり，彼(女)らの読書能力を高めたりするために，各人の興味や読書レベルに合った資料を提供するサービスは，一般に読書指導と呼ばれている。

4) 利用教育　図書館や資料の利用方法を利用者に説明し，利用者の図書館利用能力を向上させる業務である。来館する個々の利用者に対してなされるほか，大学図書館や学校図書館では，新入生などを対象に，組織的なプログラムが組まれ，実施されることがある。

(2) サービス対象別業務

図書館は，すべての「人」に図書館資料が提供されるよう，利用者をさまざまにセグメント化し，各々のセグメントに合ったサービスを意識的に提供している。[1] 以下，この業務を，個人を対象とする業務と，機関や集団を対象とする業務に分けて述べる。

1) 個人対象業務　図書館に訪れる人々のセグメンテーションで最もポピュラーなものは，人間の発達段階によるセグメンテーションである。図書館では，児童サービス，思春期の中・高生を主対象とするヤングアダルト・サービス，成人サービス，高齢者サービスなどが展開されているが，これらのサービスはこのセグメンテーションと対応するものである。また，最近では，障害者サービスや多文化サービス（外国人に対するサービス）も図書館で重視されている。

図書館に来館しにくい（できない）利用者に対しては，図書館から出向いてサービスが行われる。近くに図書館のない地区への，自動車図書館（Bookmobile：BM）による巡回サービスや，図書館に馴染んでいない利用者などに，

---

1) 利用者一般に漠然としたサービスを提供するのではなく，利用者をさまざまに分割し，分割されて明確になった利用者グループごとに適切なサービスを展開する場合，分割することを「セグメント化」もしくは「セグメンテーション」といい，分割されて明確になった利用者グループを「セグメント」という。なお，これについては第6章-3を参照されたい。

図書館から出て行ってサービスを行うアウトリーチ・サービスがその例である。

その他，大学図書館や専門図書館，それに大規模な公共図書館では，研究調査目的の利用者に対する援助サービスも展開される。

2） 機関・集団対象業務　　機関を対象とするサービスは，図書館と密接に関係する機関を対象とするサービスと，その関係者が図書館を訪れることができない機関を対象とするサービスとに分けることができる。前者には，学校（図書館）を対象とするサービスと，博物館や公民館など他の生涯学習機関を対象とするサービスが含まれる。後者のサービスとしては，病院や刑務所などを対象にしたサービスがある。

集団を対象とするサービスには，地域住民による読書会や文庫活動を支援する業務や，図書館での催しもの（たとえば，講演会や映画会など）を行う集会活動・図書館行事があり，また，図書館資料を利用した展示会などもある。

3．資料整理業務（テクニカル・サービス）

この業務は,閲覧・奉仕業務がスムーズに行われるよう支援する業務である。狭義には，資料を分類したり資料の目録を作成して，利用者の資料アクセスを容易にする業務をさすが，広義には，利用者ニーズに合った資料を収集する蔵書構築業務や，資料が図書館資料として利用できるよう装備する業務などが含まれる。以下，広義の資料整理業務に含まれる諸業務を，業務の時系列順に概観する。

（1）資料の選択から受入まで

1） 選書業務　　その図書館の蔵書の構成という観点から，図書館にどのような資料を加えるべきかを決定する業務である。この業務は，各図書館員のその時々の気まぐれや好みによって行われるべきではない。蔵書構築方針に基づく選択基準を設けることが重要である。図書館員には，資料とその流通シス

テムに精通することが求められる。

　2）収書業務　蔵書に加えるべき資料が決定されたら，次に，その資料を収集する業務が発生する。これが収書業務である。収集は，通常，購入，寄贈，交換といった方法で行われる。このうち，寄贈というのは，文字どおり先方に資料の寄贈を依頼する方法であり，交換というのは，欲する資料と図書館の出版物などとの交換を依頼する方法である。

　3）受入業務　収書によって資料が届いたら，これを図書館の資料として図書原簿などに登録しなければならない。このための業務が受入業務である。これには，資料の検収（届いた資料の確認作業）・登録，資料費の支払い・資料予算管理などの諸業務が含まれる。[1]

（2）資料の整理（狭義）から排架まで

　これには，受け入れた資料を利用可能にするための諸業務が含まれる。すなわち，資料へのアクセスを容易にする整理業務（狭義）と資料を貸出や閲覧に耐えるようにする装備業務が含まれる。これらの業務の多くの部分は図書納入業者など外部に委託されることが多い。

　1）整理業務（狭義）　これには，受け入れた資料の分類作業と目録作業が含まれる。分類作業は，資料の主題などを分析して，分類表に基づいて分類記号を割り当てる作業である。目録作業は，目録規則に基づいて資料の書誌的記録（目録記入）を作成し[2]，これを著者名やタイトル名（書名），主題などから検索できるようにする作業である。分類によって，類似の資料が書架の同じあたりに排架（これを分類排架という）可能となり，書架上での同一主題文献の検索が容易になる（ただし，実際に分類排架するためには，次で述べる装備が必要となる）。また，目録によって，さまざまな角度（アクセスポイン

---

1) この業務は，後述の管理業務に含めるべきかもしれないが，整理業務の一連の中で行われる業務なので，一応，ここで紹介することにした。また，図書原簿に代えて，事務用目録や，最近では書誌データベースで代用するケースもある。
2) ただし，正確には「記録」と「記入」は異なる。詳しくは，本シリーズの『資料組織概説』を参照されたい。

ト)からの検索が保証される。なお,分類排架法を採用する場合,どのような資料が書架のどの位置に排架されているかを示す書架の標識(サイン)が重要になるが,これについては第7章-5(4)「サイン計画」も参照されたい。

　2) 装備業務　これには,分類排架を可能にするため,資料の背に分類記号(正確には,請求記号もしくは所在記号)を記したラベルを貼ったり,新書や文庫本のような弱い資料の表紙などにビニルシートを貼って補強したり,磁気テープを装着するなどの作業が含まれる。ここまでの作業が終わって,やっと,受け入れた資料は利用可能な図書館資料となる。

(3) 保存と廃棄

　図書館資料は年々増加する。しかし,書庫のスペースには限りがあるし,受け入れた資料にも寿命がある。したがって,どのような資料を保存し,どのような資料を廃棄するかの決定が不可避となる。

　1) 保存業務　これには,開架書庫で利用ニーズが低くなった資料を閉架書庫に移したり,傷んだ資料を修理・修復する作業が含まれる。[1] また,メディア変換によって,貴重書や,傷みやすかったり失われやすい資料を保全する作業も含まれる。[2]

　2) 廃棄業務　傷んだり,利用頻度の低い資料を除籍し,処分する業務である。処分の方法には,焼却,売却,他組織への寄贈などがある。選書業務に選択基準が必要であるのと同様,この業務にも廃棄基準が必要である。また,紛失・亡失などの資料や複本の除籍も廃棄業務と共に行われる。

---

[1] 再製本や破損頁の修復などの作業で,文化財の修復などと同様に高度な熟練・伝統技能を要するため,専門の機関に外注することもある。
[2] あるメディアを他のメディアで利用できるようにすることをメディア変換という。たとえば,貴重書は,マイクロフィルムやCD-ROMにメディア変換されることで,一般利用が可能になる。

第3章　図書館業務の理論と実際

4．管理業務（総務業務）

上記の閲覧・奉仕業務や資料整理業務は，図書館の使命遂行や目的達成のために中心となる業務である。これに対して，これらの基盤となり，図書館を維持するために展開されるのが管理業務である。ここでは，巻末［**資料3-1**］（p.164）で紹介した日本図書館協会の「専門性の確立と強化を目指す研修事業検討ワーキンググループ」による業務分析を参考にしながら，管理業務に含まれる諸業務を紹介し，その後，これらのうち，庶務業務に絞って解説を加える。

（1）　管理業務の種類

既述のように，日図協の業務分析は，経営管理という大分類に，本書でいう経営管理業務と管理業務の両者を包含している。そして，本書でいう管理業務に当たるものとして，公共図書館の場合，(1)図書館協議会［にかかわる事務］，(2)議会，教育委員会との連絡・調整［事務］，(3)広報，(4)人事管理，(5)財務事務，(6)施設の維持管理，(7)庶務・その他を挙げている。

これらのうち，(1)と(2)は，公共図書館に特有の業務といえる。その他は，図書館であればおよそ必要な業務といえる。これらのうち(3)，(4)，(5)，(6)については，各々，第6章-3，第5章，第2章-3，第7章-5で取り上げるので，ここでは，以下，(7)を解説する。

（2）庶　務　業　務

庶務業務の内容は，業務の分け方によって異なってくる。というのは，庶務業務は，いわば分類における「雑」に相当し，「その他の雑多な業務」という色彩が強い業務だからである[1]。ちなみに，日図協の業務分析によると，公共図書館の場合，この業務は，配送業務，館内会議の運営，視察等来客対応，文

---

[1] それゆえ，日図協の業務分析では，「庶務・その他」という表現が用いられているものと思われる。

書管理，各種調査回答の各業務を含むことになっている。しかし，ここでは，庶務業務を，文書管理業務，物品管理業務，安全管理業務に分けて，その各々について述べることにする。

1）文書管理業務　図書館業務は，原則として，事務文書（事務書類）に基づいて遂行される（文書主義の原則）。文書は，関係部署や管理職に回され，内容が吟味され，案件に権限をもつ責任者によって決裁される。決裁によって組織の意思決定がなされたことになる。文書の管理は図書館や親組織であらかじめ決められている文書管理規程に則って行われる。

　文書には，郵送などで外部から送られてくるものと，内部で起案されるものがある。外部の文書は，原則として，文書整理簿に記録され，関係部署に配られる。内部の文書のうち，決裁の降りたものには文書番号が付与され，文書番号簿に記録される。事務処理の一連の手続きを終えた文書は，一定期間保管される。このとき，必要に応じて文書を取り出せるよう，文書は整理され，秩序づけられて保管されなければならない。保管期間を過ぎた文書は，保存される少数の文書を除き，廃棄される。これら一連の業務が文書管理業務と呼ばれるものである。ただし，昨今では，それら文書の保有する情報内容の価値に関心が高まり，記録管理（records management）と呼ばれる，より科学的で合理的な管理法により管理されることが求められている。

2）物品管理業務　物品は，大きく，備品と消耗品に分かれる。備品は長期間の使用に耐えるものであり，消耗品は短期間で壊れたり消耗してしまうものである。図書館における備品の例としては，椅子，机，目録カード・ボックスなどがあり，消耗品の例としては，目録カード，利用票，文具などがある。物品管理業務においては，とりわけ，備品管理が重要となる。備品管理は，備品への備品番号付与と，備品の台帳登録，および備品への備品番号ラベルの貼付によってなされる。

　図書館資料も，通常，備品と消耗品に分かれる。図書，製本雑誌などは，一般に備品扱いされ，新聞，未製本雑誌，パンフレットなどは，一般に消耗品扱いされる。しかし，図書館資料は利用されるためにあるので，備品扱いされる

図書といえども，毀損(きそん)したり亡失することがある。そのため，図書館では，一定金額以下の図書を消耗品扱いするなどの対策がとられる。消耗品扱いの資料は，通常，台帳登録などが省略される。

3) 安全管理業務　これは，防犯，防災対策を行う業務である。ここでは，防犯のための警備体制が整えられたり，災害が発生した時のマニュアルが作成されたりする。また万一，被害を受けてしまった時に備えて保険がかけられる。最近は，コンピュータが業務になくてはならないものとなっている。したがって，コンピュータ・システム（や通信システム）の事故，コンピュータ・ウイルスやクラッカー（ハッカー）にも備える必要がある。

5. 業務執行の効率化・合理化

従来，非営利組織（Non-Profit Organization：NPO）では，図書館も含めて，経営管理という考え方があまり根づいていなかった。したがって，業務執行の効率化・合理化への取り組みも十分ではなかった。しかしながら，最近は，図書館を取り巻く環境が変化し，業務執行の効率化・合理化が厳しく問われている。効率化・合理化は，機械（コンピュータなど）の利用と業務の外部委託（業務委託）が二本柱となるので，以下ではこれらについてふれる。なお，機械化は，単に効率化・合理化にとどまらない効用を図書館にもたらすので，機械化の項ではこの点についても述べる。

（1）業務の機械化（コンピュータ化）

図書館業務の機械化は貸出管理から始まった。現在では，貸出管理はもちろんのこと，閲覧・奉仕業務や資料整理業務一般，および管理業務を含む広い範囲で，業務が機械化されている。このような広範なコンピュータ利用は，利用者サービス指向の図書館の実現を大きく推進した。

図書館業務のコンピュータ化について，コンピュータの利用を単に業務の効率化・合理化に用いている場合を機械化図書館（automated library）と呼び，

新たな利用サービスの創出や業務の質的変革などの技術革新(イノベーション)をコンピュータ化によって招来する場合を電子化図書館(electronic library)と呼んで区別する場合がある。[1]

1) 資料整理業務の負担軽減　旧来，分類・目録作業は，図書館員の専門性が最も発揮される業務であり，図書館業務の中心と考えられてきた。この業務には，専門的習熟が必要であり，かつ大変に手間がかかったからである。しかし現在では，集中目録作業(centralized cataloging)や共同目録作業(cooperative cataloging)によるMARC(Machine Readable Cataloging：機械可読目録作業)レコードの普及や，コンピュータを利用したオンライン閲覧用目録(OPAC：Online Public Access Catalog)の普及によって，この業務にかかる手間が大幅に軽減されている。つまり，これによって，資料整理業務が大幅に合理化・効率化されたということである。このため，図書館は従来，資料整理業務に割かれていた人的資源を閲覧・奉仕業務に回すことが可能になった。

2) 図書館ネットワークの進展　コンピュータ・ネットワークによって図書館ネットワークが進展している。図書館ネットワークの進展によって，当該図書館に無い資料に対する利用者のアクセス・チャンスが増大する。詳細は第8章を参照されたい。

3) 新たな利用サービスの創出　上述のように，資料整理業務の機械化によって捻出した職員を閲覧・奉仕業務に振り向けることが可能になり，図書館ネットワークも進展し，閲覧・奉仕業務が充実する可能性が広がる。が，機械化はそれにとどまらず，新たな利用サービスを創出する潜在力をもっている。たとえばインターネットを利用すれば，利用者が自宅にいながらにしてOPACを利用でき，その場で資料を予約できるしくみを提供できる。このようにインターネットは，新たな閲覧・奉仕業務の基盤として注目をあつめている。

---

1) バックランド，M.K.著，高山・桂訳：図書館サービスの再構築　勁草書房　1994　p.129に詳しい。

（2）業務委託など

　業務委託によっても，図書館業務は効率化，合理化されうる（業務委託は，外部に経営資源を求めるという意味からアウトソーシングと呼ばれることもある）。たとえば，施設管理は，素人の図書館員が行うよりも施設管理会社に委託する方が効率的である。警備も，館員の宿直によるよりも，専門の警備会社に委託する方が合理的である。一般に，管理業務のうち，組織の意思決定に関連しない部分は業務委託される傾向にある（組織の意思決定に関連する部門でも，欧米では，コンサルタントを利用することがある）。

　司書職の専門性と関わってくる分野でも，資料整理業務などは，上述の機械化とともに業務委託が進んでいる。その他，資料整理業務に関連しては，装備に関する業務も業者に委託されることが多い。

　業務委託が進むと，究極的には，図書館の活動全体が業務委託されるということにもなる。実際，公共図書館の場合，1981年の京都市の京都市教育振興財団への管理委託にはじまり，このような方針をとる自治体が続出している。管理委託によって，人件費の削減や予算の弾力化を図りやすくなり，利用者に対しても開館日・時間を増加できるというような経営上の利点に着目してのことである。地域住民の知る権利を保障し，健全な主権者である住民に情報資源へのアクセスを実現し，社会の基礎的情報資源を累積・伝承させるという図書館の基本的使命の実現は，本来，自治体が直接責任をもつべきであるとの考え方が従来は支配的であったが，現在では民間事業者の優れた経営ノウハウや技術的能力を活用して，効率よく良質な公共サービスを行うというニュー・パブリック・マネジメント（new public management）の考え方が支配的になっている。

　平成15（2003）年の「地方自治法」の改正により，図書館業務の全面委託も可能になる「指定管理者制度」（p.25参照）の導入も可能となっている。

第4章　図書館の組織

　図書館は利用者に情報を提供するという重要な目的をもっており，その目的を効果的に遂行するために形成された一つの組織体といえる。図書館の組織は情報量の継続的な増加とサービスの質的な面での高度化，多様化によってますますその規模が大きくなり，その結果，組織も複雑化している。

　図書館はその類型，性格や規模によってその組織はさまざまな形式をとっている。公共図書館と大学図書館ではその組織に相違があり，また同じ専門図書館に属する図書館であってもその組織の内容は同一ではない。しかし，すべての図書館には組織面での共通性がある。また，組織のあり方が図書館の活動に影響を与える。このように，組織の形態と組織の活動とは相互に影響しあう。そこで以下に，図書館の組織について検討する。

1．組　織　の　原　理

（1）組織の定義

　組織とは，複数の人間が共同目的をもって結合された協働体であり，その組織には，目的を達成するための統制力が働き，協働的社会行為として分業による構造化が生まれる。

　現代の組織は，その構成や内部および外部で作用する要素が非常に複雑になっている。また，組織の中の階層数（指導者と被指導者，管理者と被管理者など）も増加した。また，分業による技術の発達と専門化により，人と人との複雑な相互関係や部門間の相互調整が重要な課題となっている。組織とは，組織体の目的達成のために各構成員が自分の職務を効果的かつ能率的に協力し遂行できる機構または構造である。また，組織は，人間の協働的社会行為であり，2人以上の人々の協働を必要とする。

（2）図書館組織の特徴

　図書館は，利用者へのサービスの提供という人間的な要素が強く働くという特徴をもつとともに，人類の知的情報資源の伝承という使命から，永続的長期的展望に立った活動が要求される。

　社会教育機関でもある図書館は，社会の発展と密接な関係があり，また，社会の重要な変化は図書館の組織構造にも同様の変化をもたらすことになる。ランガナータンは「図書館学の五法則」の第五法則で「図書館は成長する有機体である（A library is a growing organism）」と新しい環境に適応して変化していくことを示唆している。[1] 図書館は変化する社会環境と技術発展に対する適応力をもたなければならない。これからは図書館の機能を十分に発揮するためには，図書館組織が常に変化し発展する社会事情と将来動向に着目して，常に社会の要求に適応できるような柔軟性を求められる。

　図書館の種類は，一般にはその設立目的により，国立図書館，公共図書館，大学図書館，学校図書館，専門図書館と区分されている。このように，図書館は館種別に区分されるのが一般的であるが，図書館の機能の面ではすべての図書館に共通する一般的機能がある。図書館の一般的機能について，「図書館法」ではその第2条で「図書，記録その他必要な資料を収集し，整理し，保存して，一般公衆の利用に供し，その教養，調査研究，レクリエーション等に資することを目的とする施設」と述べている。すなわち，主権者である一般市民に健全な主権の行使を可能ならしめる，①教養，②調査研究，および③レクリエーションの提供を目的とする機関となっている。図書館は組織上にこの機能を反映させ，それぞれの組織構成もその目的と内容に応じた組織となる例が多い。

1）　機能による組織　　すべての図書館に基本的機能として，①収書機能，②整理機能，③閲覧・貸出機能，④参考機能，の四つの機能があり，それに応じて組織がつくられる。このうち，第3章では①と②を収書・整理業務（テク

---

1)　Ranganathan, S. R.：The Five laws of Library Science. 2nd ed. 1957.（森耕一訳：図書館学の五法則　日本図書館協会　1981　425 p.）

ニカル・サービス),③と④を利用サービス(パブリック・サービス)として紹介した。

　図書館の規模と類型または目的によってさらに組織は細分されるか,または追加される場合もある。このような機能による組織構成は,現在,図書館で広く採用されていて,大半の図書館には収集,整理,貸出(奉仕),参考などの課や係が存在する。

　機能による組織構成では,①業務上の問題解決が迅速であること,②利用者にも各部門の機能と活動が容易に理解ができること,③各部門間の業務の重複を減少することなどに便利である(4-1図参照)。[1]

　2) 資料形態別による組織　　図書館の規模や蔵書量が大きくなると自然に資料の種類別(形態別)に組織が形成される。通常,一般的な図書以外に,逐次刊行物,視聴覚資料,古書貴重書,学位論文,地図などに区分し,組織化される例が多い(4-2図参照)。[2]

　3) 主題による組織　　主題別による部門の設定は,現在,大規模な公共

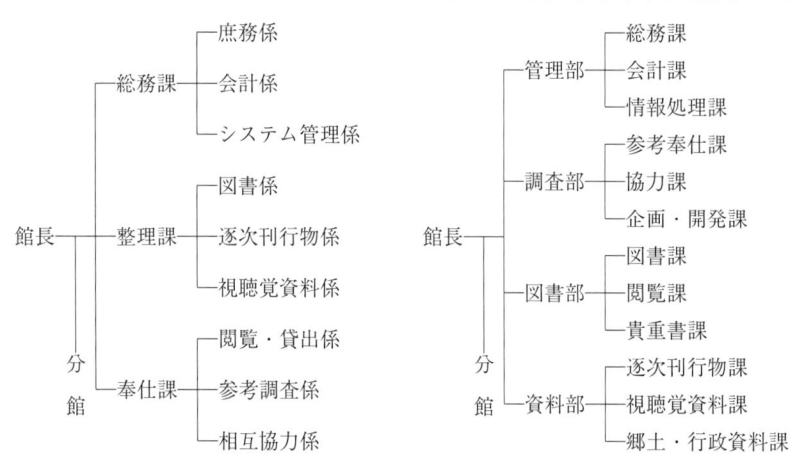

```
                    ┌庶務係
          ┌総務課──┼会計係
          │        └システム管理係
          │        ┌図書係
館長──┬整理課──┼逐次刊行物係
      │          └視聴覚資料係
      │        ┌閲覧・貸出係
分館  └奉仕課──┼参考調査係
                 └相互協力係
```

```
                    ┌総務課
          ┌管理部──┼会計課
          │        └情報処理課
          │        ┌参考奉仕課
          ├調査部──┼協力課
館長──┤          └企画・開発課
      │        ┌図書課
      ├図書部──┼閲覧課
分館  │        └貴重書課
      │        ┌逐次刊行物課
      └資料部──┼視聴覚資料課
                 └郷土・行政資料課
```

4-1図　図書館内部組織の一例:
　　　　機能による組織[1]

4-2図　図書館内部組織の一例:
　　　　資料形態による組織[2]

---

1)　高山正也ほか:図書館概論　雄山閣　1991　237p.(講座　図書館の理論と実際　第1巻)
2)　高山ほか:同上書

図書館，大学・研究図書館，専門図書館などで採択している。一般的に，大学図書館の場合は人文科学，社会科学，自然科学に分けたり，もっと細分して法律，経済，医学などに分けて管理する場合もある。このような部門を設定するためには，主題専門図書館員を確保していることが望ましい。それによって専門資料の収集と整備，資料の利用など図書館サービスの高度化ができ，また，利用者と資料を容易に結びつけることができる。

　4）**利用者群による組織**　利用者の属性に応じて図書館の組織を形成することで，利用者に応じた図書館サービスの提供を円滑化することをねらう。たとえば，公共図書館の場合は，その利用対象者別に，児童部門，ヤング・アダルト部門および視覚障害者のための点字資料室などに区分し，効果的なサービスをすることができる。大学図書館で学部学生用図書館と，教員・研究者・大学院生などを対象とする研究図書館に区分するのも，この例である。

　5）**地域別組織**　利用者にとって図書館は身近にあることが大原則である。このため，利用者群が地理的に分散していると，図書館もそれぞれの利用者群ごとに分館体制をとる。都市の公共図書館の地区館や大学図書館がキャンパスごとに分館を開設するのはこの例である。

2. 組織の類型

（1）階層型組織

　階層型組織とは，成員の縦のつながりを主とするピラミッド型の組織である。階層型組織は仕事の責任と権限の関係，業務の分担，組織内のフォーマルなコミュニケーションの関係などが明確にされ，一般に理解されやすい組織である反面，図書館における階層型組織の問題点として，次の二つが挙げられる。

　①規則と規程を厳格に遵守することで，組織の能率化を追求する図書館管理者と，最善のサービス提供を追求する専門職との観点の相違から生じる目標転置（displacement of goals）現象が起こりやすい。②階層的な権限構造によって専門職の自律性が制限され，専門職が意思決定に積極的に参加できない。

図書館組織は館種を問わず，図書館業務の能率化を図るために集権的な組織構造を形成している。また，公的組織の一部となっている図書館では意思伝達の公式化のために階層的な構造となっている場合が多い。階層型組織では，意思決定過程はすべて最高責任者および上層部管理者に託されており，下層部管理者や職員は常に図書館の目標を支持する立場にある。そのため，上層部管理者と下層部管理者および職員との意志疎通がうまくいかず，したがって，職員の士気の低下を招くおそれがある。伝統的な階層型組織は，単純で日常的反復的な仕事には適しているが，非日常的で複雑な仕事には不向きである。

(2) チーム制組織

組織の構造を考えるに際し，今日ではコミュニケーションの問題が重視されている。ピラミッド型の階層型組織では，アイデアの自由な交換を妨げ，組織を構成する成員の意欲や士気を阻害するとして，階層型組織の縦のつながりを主とする組織から，成員の横のつながりを主にした組織が提唱されるようになった。タスクフォースやプロジェクト・チームに代表される，このような横のつながりによる自主的で目的や結果の明瞭な組織を，チーム制組織と呼ぶ。

チーム制組織の代表的なものとして参加型組織がある。

参加型組織は，意思決定過程に最高責任者や上層部管理者のみでなく，下層部管理者や職員も参画できることを，その大きな特徴としている。そこで，すべての職員に，意思決定に必要な能力や専門性を発達させるための機会が与えられ，職員は仕事に対する責任と，管理・運営に対する関心を増すのである。一般に，参加型管理を導入することにより，① 職員の士気，② 意思決定の質，③ コミュニケーションの正確さ，④ 管理者と職員の関係，⑤ 図書館の目的に対する職員の理解，⑥ 統制過程の質と効果，⑦ サービスの質，といった組織活動の各領域が改善されるといわれている。[1]

---

1) Marchant, Maurice P.: *Participative Management in Academic Libraries*. Westport, CT, Greenwood Press, 1976, 260 p.

(3) ネットワーク型組織

　図書館のネットワーク化が進んでいる現在，ネットワークを利用した図書館経営が考えられはじめ，新たな組織の確立が必要とされている。図書館ネットワークの形成とその円滑な運用は図書館活動の重要な基盤となる。ネットワークの目的は個別組織としての図書館の限界を超え，資源共有の認識を深めることである。これは，今後の図書館経営の基本理念として重要視されるべきものである。この図書館ネットワークを推進するためには，「制度」，「物流システム」，「目録・所在情報システム」が不可欠であるが，[1] そのうち「制度」として確立するためには，ネットワーク型の組織としての確立が必要である。

　この制度化を図るにあたり，種々のレベルにおけるネットワークが考えられる。ネットワークを協力活動としてとらえると，次の三つのレベルがある。①図書館相互の協力(Library cooperation)，②図書館協同体(Library consortium)，③図書館ネットワーク(Library network)である。[2] また，館種を通じての県域レベル，ブロックレベル，全国レベル，国際レベルなどのネットワークがある。公共図書館の県域レベルでのネットワークを例にとると，県内の図書館ネットワークの成否は，物流システムの成否にかかるところが大きいとされる。

　ネットワークの目的の一つにリソースシェアリング（資源の共有・分担）がある。リソースシェアリングは，相互利用を前提とし，それぞれの図書館が特色あるコレクションを構築し，購入や保存の分担などによって資料予算の効率的執行や，保存スペースを効果的に使用する図書館運営政策の一つである。リソースシェアリングの効果的活用のためには，上に述べたネットワーク型組織の確立が前提となる。

　リソースシェアリングの具体的な例として，わが国の大学図書館における外

---

1) 雨森弘行：ネットワーク時代における図書館経営―すべての図書館をすべての利用者に　現代の図書館　Vol. 34, No. 1, (1996)　p.5。
2) 津田良成編：図書館・情報学概論　第二版　勁草書房　1990　p.209-210。

国雑誌センターの活動がある。外国雑誌センターは，学術審議会の打ち出した拠点図書館構想を母体とするものである。[1]この拠点図書館は，外国出版物を網羅的に収集することを目的として提唱された。昭和52年度に，医学・生物学，理工学および農学の3分野の拠点図書館として，5大学図書館が選ばれた。後に，拠点図書館は外国雑誌センターと名称を変える。その後，分野が拡張され，人文・社会科学系の大学図書館が加わった。現在，外国雑誌センターは，4分野9大学図書館で構成され，[2]国内唯一の全国規模における外国雑誌の分担収集を行っている。外国雑誌センターの活動は，各大学の附属図書館が，大学という組織を超えて，集合的運営を行うネットワーク型組織を実現している例である。

さらに，公共図書館，大学図書館といった館種の枠を超えたネットワーク型組織を実現することも将来に向けて必要である。館種を越えた図書館の連携をすすめ組織化することで，図書館ネットワークの発展を期待することができるであろう。

(4) 外部資源活用(アウトソーシング)型組織

外部資源活用(アウトソーシング)とは，一般に企業の情報システムの企画・構築・運用に関する一部，またはすべての機能を外部に委託することの意味で用いられる。[3]図書館においても，外部の資源を有効に活用することにより，運用のコストダウンを図ることができるという効果がある。また，業務の一部

---

1) 故選義浩：外国雑誌センターの現状―管理面から見た分担収集の一例として 現代の図書館 Vol. 34, No. 1, (1996) p.14-15。
2) 4分野9大学図書館は次のとおりである。
   医学・生物学系：大阪大学附属図書館生命科学分館,東北大学附属図書館医学分館,九州大学附属図書館医学分館
   理工学系：東京工業大学附属図書館, 京都大学附属図書館
   農学系：東京大学農学部図書館, 鹿児島大学附属図書館
   人文・社会科学系：一橋大学附属図書館, 神戸大学附属図書館
3) 21世紀情報図書館研究会：「21世紀情報図書館」(仮称)への提案第2次報告書 日本開発構想研究所 1995 p.48。

を委託することにより，図書館職員がより専門性の高い業務に専念できる利点もある。この外部資源活用(アウトソーシング)のシステムを図書館において有効に活用し，発展させていくためには，業務委託を含めた図書館の組織体制を確立することが必要である。このような管理運営システムを有する図書館組織を，外部資源活用(アウトソーシング)型組織という。

　外部資源活用(アウトソーシング)型組織を確立するにあたって，まず第一に重要なのは，図書館業務のうち，どの業務を委託し，どの業務を図書館職員が責任をもって行うかということである。

　公共図書館の委託を例にとると，全面的な運営委託の例は非常に少ないが，一部委託はすでに大半の図書館で行われている。そこで，図書館業務の中で「根幹業務」と「非根幹業務」という分け方が生まれ，「非根幹業務」は委託して経営の効率化を図るべきとの考え方が現われた。「非根幹業務」とは何か，という統一した見解は得られていないが，図書館業務の中で「専門性の高い業務」と，そうでない業務の区分は行われている（巻末[**資料3－1**]（p.164）参照)。図書館の運営方針を作ることや図書の選択などは「根幹業務」とされるのに対して，図書館の清掃や館舎警備を「非根幹業務」とすることは大方の一致を見ているが，図書の貸出しや目録作業は「根幹業務」か「非根幹業務」かについては意見の一致はまだ見られない。

　また，目録作業は，標準化と効率化のため，以前から，印刷カード業者や書誌ユーティリティ機能をもつ機関に，目録業務の一部または全部の委託が行われている。[1]

　このように，外部資源活用(アウトソーシング)型組織の確立には，多くの問題も残されているものの，その方向に進みつつある。

---

1) 足立区によい図書館をもっとつくる会　東京都足立区職員労働組合，図書館問題研究会編，図書館の委託―足立区の図書館委託を考える　教育史料出版会　1987　p. 40-41。

3. 図書館組織の現状と傾向

（1）図書館環境の組織に与える影響

　図書館が属する上部機関（組織）の中での図書館の位置関係や環境は，その図書館の組織および運営方法に大きな影響を及ぼすことになる。たとえば，国立図書館が行政府の文部科学省に属する場合と立法府の国会に属する場合では，図書館内の組織構造や人事，予算問題に大きな違いがある。専門図書館を例にとれば，その図書館が研究機関，製造業，マス・メディア，金融業など，どのような業種に属するかによって，組織や運営が異なる。大学図書館では総合大学か，単科大学か，またその設置されているキャンパスが特定の学年や学部だけのキャンパスかどうかにより，図書館の組織構造が異なる。

　公立の公共図書館では，教育委員会に属する場合と自治体の首長部局に属する場合とで異なるし，自治体の職員によって直営で運営される図書館と，指定管理者等によって運営される図書館では組織構造も異なると考えるのが一般的である。

（2）階層型組織からチーム制組織へ

　組織の構造を考えるに際し，今日ではコミュニケーションの問題が重視されている。ピラミッド型の階層型組織では，アイデアの自由な交換を妨げ，組織を構成する成員の意欲や士気を阻害する。

　これに対して，参加型組織に代表されるチーム制組織の形態は，近年，特に米国の図書館等において，伝統的な階層型組織に勝るものとして重視されている。[1]　チーム制組織では，意思決定過程に最高責任者や上層部管理者のみでなく，下層部管理者や職員の意見も取り入れられる。そこで，すべての職員が，意思決定に必要な能力や専門性を発揮できることから，仕事に対する責任感を

1）　Marchant, Maurice, P.：前出（p.49）脚注1）に同じ。

強くもち，その結果，職員の士気が上がる。また，上層部管理者と下層部管理者および職員との意志の疎通が向上し，コミュニケーションが正確に行われることにより，意思決定の質が上がるとされている。

4．図書館組織の実例

　図書館組織は一般に組織図として提示される。
　組織図は組織体の中の業務の関連，命令・報告の系統などが目にみえるように，その組織的構造を図表で表現したものである。組織図を作成することで，責任分野や命令系統が明白になるだけでなく，業務の組織化が成り立つとともに，権限の濫用や責任の回避，業務怠慢などを未然に防止することができる。組織図の具体的な効果として，
　　① 上部の矛盾した命令を避ける。
　　② 誤解の発生する可能性を防ぐ。
　　③ 上意下達および下意上達の伝達経路を維持できる。
　　④ 日常的業務を遂行する過程で起きる疑問や問題を解決するために，責任をもつ直属の上司を明らかにする。
　　⑤ 幹部クラスや部門の長の責任領域を明示し，責任感を助長する。
　　⑥ 図に表示された直属の上司に問題解決を依頼することで，最高責任者の時間を節約できる。
などを挙げることができる。
　図書館の組織図の形態は，図書館の類型，規模，サービスの範囲によってさまざまである。図書館組織の実例を巻末［**資料5**］（p．174〜）に挙げてあるので参照されたい。

第5章　図書館の職員

　図書館の構成要素の一つにも数えられる図書館の職員は，図書館の重要な経営資源であると同時に，図書館サービスの質を決定づける大きな要素でもある。資質・能力の高い職員の適切な配置により，高度な図書館サービスの提供が可能になる。

　図書館の職員とは，いうまでもなく，図書館，もしくは図書館を設置する機関・組織に雇用され，図書館に配属されて図書館職員となるのが一般的である。また，図書館の職員として期待される能力や資質についても，図書館の種類や設置機関の組織特性によって，異なったり，大きく影響を受ける。そこで本章では，司書資格がその前提にしている公共図書館の職員について，その現状と課題を踏まえ，そのあり方を考える。公共図書館以外の館種にあっても，以下の諸問題の多くの部分が共通性を有するので，それらを参考に，それぞれの館種の状況を加味して，個別図書館ごとでの有効な職員管理のあり方を考えることができよう。

1. 図書館職員体制

　図書館法では，第13条1項において，図書館の職員を館長，専門的職員，事務職員，技術職員に区分している。これは図書館の設置目的を具現化していくための必要な職員組織として規定しているのである。

　図書館の管理職層は，図書館の規模，機能によって異なるが，一般的には館長以下，副館長，部長，課長，係長などのライン職系列と，司書監（主幹），主任司書（主幹）などのスタッフ職系列で構成される。しかし，必ずしも管理職層を特定して統計化したものはなく，職名も人数についても，その現状を把握することは難しい。

平成17(2005)年度の文部科学省指定統計社会教育調査報告書によると，全国の公共図書館の館長・分館長は2,803名，内訳は，専任者が1,434名(51.2％)，兼任者が1,048名(37.4％)，非常勤が321名(11.4％)であった（巻末［**資料4**］（p.172）参照）。都道府県立図書館や市区立図書館に比べて町村立図書館では兼任や非常勤図書館長が多く見られる傾向にある。なお，館長・分館長のうち，司書資格を有する者の人数が抽出されていないことは図書館法の改正にともなう措置か，残念である。

　一方，司書としての専門的職員と，その他の職員についてみると，平成17(2005)年度で，司書が12,781名(うち専任6,957名，兼任165名，非常勤5,659名)，司書補が442名(うち専任237名，兼任8名，非常勤197名)，その他の職員(事務職員，技術職員など) が14,634名となっている(巻末［**資料4**］（p.173）参照)。昭和56(1981)年度からの推移をみると，司書で8,864名，全職員数で19,193名の増加であり，専門的職員は堅実な増加を示している。

　職員全体で見ると，専任が15,282名(49.8％)で，兼任が1,851名(6.0％)，非常勤が13,527名(44.1％)であり，非常勤職員の増加が認められる。専任職員に占める司書と司書補(有資格者)の割合は47.0％である。公共図書館一館あたりの職員数は平均10.3名で，そのうち，専任司書・司書補の数は2.4名となっている(巻末［**資料4**］（p.173）参照)。

　以上の現状から，公共図書館の運営の充実を期すためには専任の専門的職員である司書・司書補の充実・配置が課題であることは明らかである。

2．館長・管理職の職務

（1）図書館の管理に関する職務，職能と館長の立場

　「図書館管理とは，図書館の職員たちの業務活動を結合して，特定の業務上の目的を達成するために必要とされる行為である。」[1]図書館の管理職は館長を

---

1)　草野正名：図書館経営概論　三省堂　1973　p.94。

補佐して，与えられた業務上の目的を達成するために業務担当者の活動を結合することが求められている。

　図書館の設置目的を遂行する機能として，奉仕，整理，総務の業務分野があり，それぞれに管理作用が働く。そして，それらの管理作用の統合化が館全体に浸透したときに，はじめて図書館運営が可能となる。

　そこで，それぞれのセクションごとに管理的職員の存在が重要なポイントを占めることになる。

　これら管理職の職務，職能については，それぞれが担当する業務の分野について一通り精通するとともに，図書館運営の基本方針，年度ごとの重点目標などを念頭に置きながら，分担業務がその目標達成に向かっているか，所属職員のチームワーク，仕事に対する職員の志気，健康状態はどうかなどにも注意をはらって事務に当たることなど，いわゆる管理職としての職務にも留意することが求められるのである。

　したがって，これら管理的職員の職能とは，統括する分野の専門的業務に対する知識・技術と管理的職務への自覚が調和よく体得できたとき，初めて発揮できるといえる。すなわち，司書としての職務をこなしうる能力をもっている人であっても，司書専門職務だけに精通するのではなく，立場上，職員が働きやすい環境整備に努めるなどの管理的業務を遂行することのできる能力も身につけることが必要となる。

　なお，管理的職員には，館長のほか副館長，部長，課長，係長などのライン職と，司書幹（監），主幹などのスタッフ職が配置されているが，なかでも，図書館を統括する館長の立場は，館内に向けては図書館の管理運営を円滑に進めるために職員を指揮監督し，館外に向かっては広く図書館を知らしめ，図書館の運営に協力してくれる多数の理解者を得るため，関係方面に働きかける。すなわち，館長は図書館を運営する上での最終的な責任者として，経営者としてのセンスと手腕が求められる。

　このために，館長は図書館運営の基本方針を策定し，長期的展望に立って，年度ごとに一定の目標を設定して職員を督励し，その目標の達成に努める。こ

の目標の具体的内容は，図書館業務としての資料の収集，整理，保存，提供の充実であり，図書館サービス利用状況の改善であり，広域利用サービスの拡充などである。

　館長が履行すべき事項として，平成13年7月18日付の文部科学省告示「公立図書館の設置及び運営上の望ましい基準」（巻末［**資料1**］（p.156）参照）によれば，「館長は図書館の管理運営に必要な知識・経験を有し，図書館の役割及び任務を自覚して，図書館機能を十分発揮させられるよう不断に努めるものとする」と述べている。

　以上からも，図書館長は図書館の内外において経営効率を高め，最大の効果を求めての運営に努める立場にあることは明らかである。このために次のような資質と能力の発揮が求められている。

　　①　長期的な展望に立った運営方針の策定などの企画・計画・立案能力
　　②　組織構成，職員の指導，育成能力
　　③　対外的折衝，交渉能力
　　④　地域の実情を把握する能力
　　⑤　図書館の運営に確固たる信念をもち，実践する能力

　管理的職員と図書館長との関係は，事務分掌規程によって定められた仕事をお互いに責任をもって処理することで，図書館全体が有効に機能するように，相互に協力し合い，補完し合い，協働する必要がある。したがって館長は，必要に応じてそれら各管理者からの報告を求め，指示を与えることにより，年度当初に設定した目標達成のための進行管理に当たらなければならない。また，館長は組織の長として，職員との信頼関係の構築に努め，明るく，働きやすい職場づくりを目指し，人間関係，職員の健康管理などにも気を配り，随時，管理的職員との情報交換の中で助言を与えることも必要である。このような館長と管理的職員との相互協力関係を順調に維持して，図書館の目的・目標の達成を指揮，監督することは館長の重要な役割である。

（2）図書館の管理的職員に求められる資質と能力

　図書館の管理的職員はそれぞの担当組織のリーダーである。組織のリーダーに求められる資質としては、リーダーシップが発揮でき、バランス感覚、フレキシビリティ、バイタリティをもち、人望があることだといわれている。暖かみのある人柄、仕事に対する積極性、柔軟性のある態度などを保持し、組織をリードしていける人ということになる。しかし、組織も生きものである。混乱し未整理な状態の組織なのか、安定し落ち着いた、成熟した状態の組織なのかに応じたリーダー像が求められる。ときにも専制型であることが要求され、ときには民主型が求められる。このため、適材適所主義による人材配置も考えられるが、組織の状態に合わせて、管理的職員が役割を臨機に応変することによって対応していくことが求められていくことになる。

　したがって、図書館の管理的職員の資質としても、専門的業務を処理する能力を具備しながらも、自らがプレーヤーとなる領域から、職場環境の整備、良好な人間関係の醸成、職員のヤル気を育てる配慮や技術などをもち、図書館運営の改善充実に寄与できる能力が求められている。

　職場環境の良し悪しは図書館サービスにすぐ反映されるといわれている。働きやすい職場、働きがいのある職場、活気あふれる職場は必ず、利用者に対する職員サービス姿勢に良い影響となって反映されていく。

　では、働きやすい職場、働きがいのある職場、活気あふれる職場とはどのような職場を意味するのであろうか。

　それは、明るい職場環境であること、職員間の人間関係が良好に保たれていること、いわゆる**ホウ**（報告）、**レン**（連絡）、**ソウ**（相談）が円滑に行われている風通しのよい職場、職員の能力が十分に発揮できる職場、図書館サービスが地域の人々に高く評価され、喜んで受け入れられている職場だといえる。

　このような職場づくりのため、職員一人ひとりが、図書館が目指す運営目標に向かって前向きの姿勢になっており、他の職員に対して協力しあう態度が見受けられなければならない。

そして，このような状態を目指すためには，組織におけるリーダーたる管理的職員の姿勢，心がまえが最も大切なポイントとなる。組織の運営が，ただ乱れているのか，まとまりへの成長過程にあるのか，成熟期にあるのかによって対応は異なる。そこで，これらに柔軟に対応する心がまえが求められるのである。組織における管理的職員の姿勢は管理が先行するのではなく，職員との信頼関係の構築から手がけなければならない。

（3）館長の業務内容

図書館の業務内容は奉仕的業務（収集・整理から図書館奉仕まで）から管理的業務まで，多岐にわたり，館長の負う職責もまた多岐にわたることは理解できよう。しかし，責任を恐れて，館長がすべての業務に口を出したり，直接手を出すのではなく，各業務担当の管理的職員や専門的職員，事務職員などに業務を分担して処理させるという組織の維持・運営に心がけなければならない。

公共図書館の館長の職務として重要なことは，次の各業務の最終責任を負うことである。

(1) 図書館資料の購入に関すること
(2) 図書館資料の利用に関すること
(3) 職員の服務に関すること
(4) 施設・設備の維持管理に関すること
(5) 関係機関等に対する照会ならびに回答に関すること，他

もとより，これらの仕事を館長が自ら直接行うのではなく，職員に業務を分担して遂行するように指揮監督するのであるが，これら業務の最終責任は館長が負うことになる。ついては，館長の業務内容は図書館の運営全般にわたるといえよう。また，図書館の運営の中で，職員の人事管理と予算編成とその管理に関わる職務もある。公共図書館の館長は，人事や予算についての権限については行政組織上での図書館の位置づけから，教育委員会事務局に図書館の人事や予算について意見具申をすることで対応している。この意見具申のための素案を自主的に作成する権限を有することで，第1章に述べた「独立した経営管

理権」としての人事権と予算執行権を有するとみなすことにする。

（4）館長登用の実際

館長の登用に当たっては，各自治体の館長に対する処遇上の基本的位置づけが実際の場面に大きく影響する。

すなわち，教育委員会の人事構想の中での館長の処遇上の位置づけによって，昇任，昇格の途が他のセクションとの関わりで行われていく場合が多い。したがって，館長が行政機構の中で処遇上，どの程度に格付けされているのか，それによって，候補者の登用前の立場が重視されることになる。

これらを考慮すると，館長職への司書等専門職員からの登用の途も，行政全体の均衡上，任用前の格付けが考慮されて，はじめて登用が実現できるのであり，ある程度の長期にわたる人事構想に立って，司書の採用から昇進への過程の整備が求められるといえよう。

3. 専門的職員の資質向上・研修

（1）専門的職員と一般職員・その他の職員との関係と専門的職員の必要性

公立図書館は地方自治体の一組織であり，そこに置かれる職員は地方公務員法に基づく公務員である。このことから次のようにいわれる。[1]

「司書として採用された職員も，図書館に採用されたのではなく，自治体に採用されたのである。司書である前に，よき自治体職員でなければならない。よき自治体職員になることによって，よりよき図書館職員になれるはずである。」

したがって，地方自治の一端を担う図書館業務も，自治体行政をより良くするとの認識に立って，住民の期待に応えていかなければならない。

---

1) 薬袋秀樹：公立図書館司書の自己改革のための10ケ条　図書館情報大学薬袋研究室　1995　p.4。

図書館は，資料や情報提供などのサービスを通して自治体行政に貢献しているのである。専門的業務に携わる司書の存在がさらに重視されていく。

　しかし，図書館の業務は専門的領域だけで成り立っているわけではない。一般事務職員，技術職員がいて円滑な運営ができるのである。そこで，それぞれが役割を発揮し，一致協力して事務にあたることが求められる。このため，一般事務職員は専門的業務内容を，専門的職員は一般的行政の事務内容を理解するために，積極的に相互に交流する機会を設け，参加していくことが必要である。特に，司書は行政のしくみや内容，予算のしくみなどについて十分に学ぶ必要がある。しかし，予算を点として理解するのではなく，政策とのかかわり，特に住民の動向や地域の特性などを反映した中・長期計画に基づいた政策とのかかわり，景気の動向，税収とのかかわり，国の政策とのかかわりなどについても学ぶ必要がある。そして，一般行政の理解の上に立って，図書館から何が行政上に寄与していけるのか，図書館の特異な部分を生かしうるかを常に自問しながら，司書としての職分を発揮していくことが求められる。

　司書など専門的職員が図書館に置かれることの大切さを，図書館関係者は強く主張するが，一般行政分野の人々は必ずしもそう思ってはいない。それは何故なのだろうか。それは行政全体の中で図書館が住民サービスを通して，その必要性が十分に訴えられていないからではないか。行政セクションとのかかわりで役立つことに十分な意が注がれてこなかったためではないだろうか。

　そこで，図書館には司書など専門的職員が必要であることを日常業務を通して訴え，その必要性を示す具体策を実践する工夫と努力が続けられていかなければならない。

　ところで，技術職員として，ボイラーなどの維持管理に当たる職員が配置されていたが，現在では警備，清掃などの業務の委託化に伴ない，派遣職員によって業務が進められているのが一般的である。これらの職員も図書館運営の一員に変わりはなく，協力的体制の下での業務の遂行が求められている。

（2）人事交流，職員の確保と資質向上

　図書館運営のキーマン的存在である専門的職員を確保し，その資質の向上に努めることは，最も大切な管理的業務の一つである。

　職員の確保とは，施設に置かれる定数の確保と良い人材の確保の二つの意味がある。職員定数については，施設の規模，機能とのかかわりで決められていくことはすでに述べた。問題は，人数だけを揃えたのでは十分とはいえないのである。組織人として，また，広い視野をもち，専門的業務に精通した優れた人材の確保がなりればならない。

　このため，あらゆる可能性を引き出す機会として，ときには一般行政や類縁機関との職員の人事交流を行い，図書館運営に反映する工夫があってもよいのではないか。また，現職研修の充実した実施によって職員資質を高める場は欠かすことができない。ただ，研修には職場内研修と職場を離れての研修がある。職場内での上司や同僚相互の人間関係を通して，日常業務の中での研修も意識的に組み込まれることが求められる。

　近年は特に，情報社会，生涯学習社会を迎えている。資料，情報の提供方法は迅速化，多角化している。また住民の要求も多様化している。住民の立場に立った対応を考慮していくとき，受け手である住民の情報リテラシーの状況はどうか，住民の要求にフィットした資料，情報の提供であったかなど，自省しながら業務に当たることが必要となる。そして，これらの日常業務が職員の資質を高め，図書館サービスの質的向上に帰結するといえる。

（3）現職研修に果たす国，都道府県，市町村の役割

　現職者の研修は現在，国，都道府県，市町村，図書館関係団体などで行われており，今後は大学や図書館関係企業等による現職者に対する研修や教育機会の提供も増えると見込まれる。しかし，必ずしも体系的，計画的に行われているとはいえない。

第5章 図書館の職員

　そこで，社会教育分科審議会では，平成5（1993）年12月から司書の養成と研修の在り方について調査審議してきた。その結果，平成8（1996）年4月に「社会教育主事，学芸員及び司書の養成，研修等の改善方策について」をまとめた。その中で，研修内容には広い観点から図書館サービスの充実が図れるようなものを中心に取り入れる。研修方法では，交流事業，研修派遣など多角的に行いながら，国，都道府県，市町村，図書館関係団体などで実施している研修を有機的に連携し，体系的，計画的に研修機会を提供していくことが必要だと指摘した。また研修終了者に対する適切な評価による処遇の改善などについても提言している。

　いずれにせよ，近年ほど，司書など専門的職員の現職研修の必要性が認識されたことはない。職場内での研修はもとより，関係機関による適切な研修機会も開設されているので，図書館長や司書の任命権者による積極的なそれらへの参加奨励が待たれるのである。

　ちなみに，社会教育分科審議会が提示した国，都道府県，市町村が担うべき司書等の研修に関する役割分担は次のとおりとなっている（**5-1表**）。

　5-1表のように，国レベルでは，都道府県の指導的立場の司書や図書館長などの管理職層を対象に，高度かつ専門的内容を中心に講義，演習などによる集合研修や宿泊研修，海外研修，通信教育，遠隔教育など多様な方法で研修を実施すべきだと提言している。なお，国立教育会館社会教育研修所（現 国立教育政策研究所社会教育実践研究センター）が実施している長期研修を，さらにわが国の研修のナショナルセンターとして位置づけ，都道府県の研修機関とのネットワーク化，研修内容のデータベース化を図るべきだとの提言もしている。

　また，都道府県レベルでも，市町村立図書館長，当該都道府県内の司書及び司書補などを対象に，実務的なものや地域社会の動向把握に関するものなどを内容に，講義，研究協議などによる集合研修，視察研修などの研修方法で実施すべきだとしている。

　さらに，市町村レベルでは，図書館職員すべてを対象に，図書館に関する業務全般を内容として，館内研修として職員相互の指導，助言により行われるよ

5-1表　司書等の研修体系について

	国 (関係機関を含む)	都道府県 (関係機関を含む)	市町村
目的・ねらい	① 高度かつ専門的な内容の研修を行う。 ② 全国的・国際的動向の理解など広い視野から職務を遂行するための研修を行う。 ③ 管理職の資質向上を図る。 ④ 参加者相互の研鑽と交流により，全国的な人的ネットワークの形成に資する。	① 経験年数に対応して実務上必要な事項の研修を行う。 ② 地域社会の動向に対応した図書館の運営に関する研修を行う。	① 日常業務にかかわる実務研修を中心に行い図書館サービスの向上を図る。
対象	・図書館長 ・指導的立場にある中堅の司書	・市町村立図書館長 ・当該都道府県内の司書及び司書補	・図書館職員全般
研修領域・内容	① 高度かつ専門的内容の研修(レファレンスサービス，児童サービス等) ② 全国的・国際的動向に関する研修(情報化と図書館，施策等) ③ 図書館経営に関する高度な研修(サービス計画，マネジメント等)	① 初任者・中堅等の経験別の実務全般についての研修(事業計画，各種サービス，図書館間協力等) ② 地域社会の動向に関する研修(ニーズの把握，関係機関との連携等)	① 図書館業務全般
研修方法	① 講義の他，課題別のグループワークによる演習等 ② 長期にわたる宿泊研修 ③ 海外研修 ④ 通信教育，遠隔教育等	① 講義・研究協議等 ② 図書館等視察研修 ③ 市町村立図書館からの長期派遣研修の受入	① 館内研修 ② 職員相互の指導・助言
支援体制	① 都道府県レベルの研修を企画・指導できる人材を育成 ② 関連する情報の収集・提供，研修プログラムの開発・提供などを通じて都道府県・市町村を支援	① 関連する情報の収集・提供を通じて市町村を支援	

(出典) 生涯学習審議会社会教育分科審議会報告書　平成8年4月24日

う提示している。なお，これら自治体(特に都道府県が中心)では，研修の実施に当たって図書館関係団体との連携により進めるよう指摘している。

このように，体系的・計画的な研修によって，職員の資質が高められ，図書館サービスに寄せる住民の期待に応えていくことが求められているのである。そして研修の成果は，本人はもとより，職場全体に波及できるよう配慮することが必要となるといえよう。

(4) 現職研修の内容

ところで，同報告書の提言を受け，文部省は平成8(1996)年8月に，図書館法施行規則の一部を改正する省令を告示した。そして，平成9年4月1日から司書などの養成課程を大幅に改訂して実施することとなった。これは時代の変化に対応して，司書などに求められる専門的資質の変化が考慮されたためと考えられる。

そこで，現職研修で取り扱う内容についても，今日的課題を直視し，生涯学習についての基本的理解，図書館の管理運営についての素養，情報化社会に対応する情報関係科目の設定，子どもの読書普及を図るための児童サービスのあり方論の修得など，現在司書に求められている知識・技術を会得する視点から研修内容が構成されることが必要となっている。

以来，国立教育政策研究所社会教育実践研究センターがわが国の研修のナショナルセンターとしての立場から図書館司書専門研修に取組んでいるほか，図書館地区別研修として都道府県が図書館業務の専門的領域を中心に，その知識・技術の研修を，講義，事例研究，現地研修，演習，シンポジウムなど多彩な方法で行っている。なお，これら研修実施に当たっての問題は，受講者の年齢，経験年数などで大きなバラツキがみられ，内容の掘り下げ方に十分な精査が加えられない，などがある。今後の研修を進めるに当たって，国，都道府県，市町村に加え，大学や関係団体等の研修プログラムを視野に入れた役割分担が徹底できれば，上記の課題は解消できるといえよう。

4. 図書館を支える人々
（ボランティア，臨時職員，派遣会社職員等）

（1）図書館におけるボランティアの領域と活動内容

　ボランティアとは，各人がもっている能力，労力，時間あるいは財産を社会のため役立てる活動であり，その際に，各人の生涯学習の一環としての自発的意思による「自発性」と対価を事前に期待しない「無償性」と社会の発展に役立つ「公益性」という二つの条件を伴う行為のことだといわれている。[1]

　社会教育施設を開かれたものとする意味からも，このようなボランティアの人々の活躍に負うところは大きいのである。

　図書館では，従来から障害者サービスとして点訳や対面朗読などで，また，児童サービスで「読み聞かせ」や「ストーリーテリング」などでボランティアを得てきたし，今後も大いに期待を寄せているところである。

　このことについて，大分県立図書館では，平成9年2月に，全国47都道府県立図書館に対して行ったアンケート調査をまとめ，公表した。これによると，ボランティア活動は28館で実施している。内訳は「読み聞かせ」13館，「ストーリーテリングと対面朗読」12館，「紙芝居」9館，「人形劇・録音テープ作成」6館，などとなっている。

　鹿沼市では，鹿沼図書館ボランティア（KLV-カリブー）が平成4（1992）年2月に誕生した。きっかけは，「市民と本をつなぐため，市民の手でできるところから始めよう。」との市民の自発的発意にあった。20余名で出発したボランティア活動は，現在200名余，70余の読書施設で7分野16活動として実施している。主な活動拠点は，小・中学校図書館，公民館図書室である。

　活動内容は，本の補修，新刊本の受け入れから取り組んだ。そして，図書館

---

[1] 松下倶子：ボランティア活動の推進に向けて　文部省教育助成局地方課編『教育委員会月報』平成8年12月号　p. 5.

第5章　図書館の職員

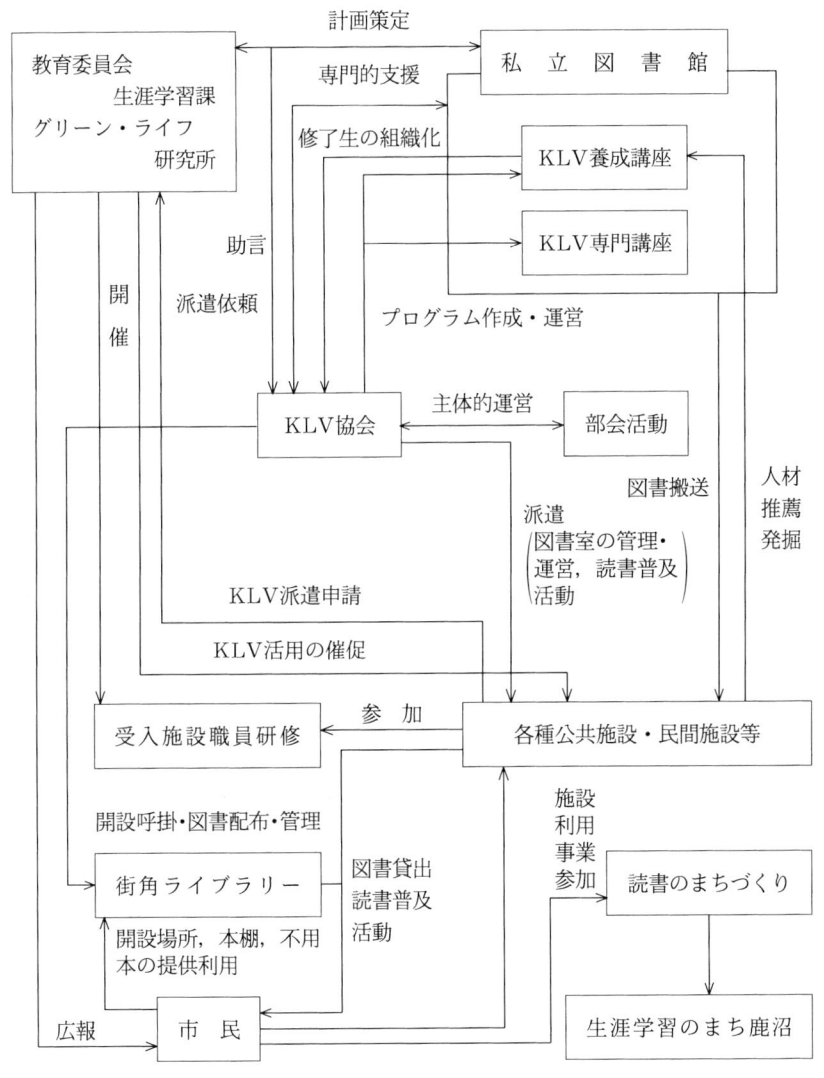

5-1図　KLV（鹿沼図書館ボランティア）システム全体構造図

（出典：『社会情報』No.35　1996　全日本社会教育委員連合）

を明るく，読書意欲を高めるなどに課題意識を拡げ，読み聞かせ，ペープサート，エプロンシアター，ブックトークなどの活動に発展する。さらに，本のリサイクルとしてバザー収益により新刊本の購入なども行った。これらの活動の積み重ねが，駅，銀行，郵便局，理・美容室，喫茶店，自動車販売所，工場休憩室などにミニ図書館コーナーを設置する街角ライブラリー運動へと結びついていく。この活動は本棚の設置者である施設側，不用本の提供者である市民，運営するKLVが支えあって，市民総ぐるみの読書のまちづくり運動として展開されている。[1]

その後，KLVの人々は司書資格取得に相当する科目の修得にも意欲を燃やしているとのこと。これらの盛り上がりが，市民が主役の生涯学習のまちづくりにしっかり根づいていくものと考えられる。

これは開かれた図書館が生涯学習のまちづくりの主役に位置づいている好例といえよう。

図書館を，開かれた運営に，充実した運営にしていくため，ボランティア活動に参加意欲をもつ人材をどのように養成し，確保するかはいろいろな図書館で創意工夫が加えられている。図書館ボランティアを広く募集し，養成講座の受講後，得意な分野で活躍してもらったり，あらかじめ分野ごとにボランティアを募集して，講習会などを実施しては人材を確保していくことなどを通じて，ボランティアとしての協力者の確保が行われている。

いずれにせよ，ボランティアの人材は確保できても，各人の生涯学習としての目的を達成し，その活動が実際に生かされていかなければ計画倒れにもなりかねない。そこで，ボランティアの養成，確保，活用は一連のものとしてとらえ，ボランティアをコーディネートするしくみの整備がこれからの課題と考えられている。すなわち，確保したボランティアを活用に結びつけるコーディネーターの存在が，今後，重要視されていくことになる。

なお，図書館運営を支える活動として「図書館の友の会」組織の存在を忘れ

---

[1] 栃木県鹿沼市教育委員会：事例紹介　市民が創る読書のまち鹿沼（『社教情報』No. 35　全日本社会教育委員連合　所収）

てはならない。図書の整理や補修に，広報活動に司書の手の回らない業務を率先して実践してくれる「友の会」を大切に育てていきたいものだ。

さらに，図書館長の諮問機関として法的にも位置づけられている図書館協議会制度については，すでに紹介したとおりである。会議を通して，館長の図書館運営その他の諮問に応じて意見を述べることとなっている。このため，委員個人として図書館運営への協力はボランティア活動そのものとなろう。しかし，委員が日頃から図書館運営に関心をもって対処していただく環境づくりを進めることは望ましいところといえよう。

(2) 臨時職員，派遣職員等

図書館の業務は定数条例等で認められている正規の職員とボランティアだけの労働力で賄えるものではない。実際の図書館の業務は正規の職員数を補うべく，多数の臨時職員や人材派遣会社からの派遣職員等の力に頼って遂行される。

現在では館種の如何を問わず，図書館の正規の職員数の絶対的な不足に加え，その異動が頻繁に行われている。そこで多くの図書館では，正規の職員に加え，一定の期間内はほとんど正規職員と同等の職責を果たす嘱託職員や，時間単位で補助的な業務に従事するアルバイトなどの臨時職員の存在があって，正常な図書館活動が可能になる。さらに図書館業務の拡大と職員数との均衡が崩れ，一方で人件費の抑制策などが採られ，コスト・パフォーマンスに留意したり，特殊技能やサービスの品質が要請されると，業務の外部委託が行われる。

しかし，図書館業務の中には図書等の資料組織化・整理業務に代表される多くのテクニカル・サービスのように，外部組織に委託し，その成果物を図書館に納入させることの可能な業務もあれば，書架整理や読み聞かせなどに代表される多くのパブリック・サービスのように，図書館の場で業務を実施する必要がある業務もある。このような業務では，外部委託ではなく，その業務の専門的な能力をもった人材を抱えている人材派遣会社などから，習熟した能力をもった専門的な人材の派遣を受けることが，近年，多くの図書館で行われている。このような状況の下では，図書館の業務やサービスに必要で固有の技術やノウ

ハウの維持や発展にも図書館外部の人的な資源である嘱託職員や派遣会社職員へ依存せざるを得ない状況となっている。

　このように，図書館の場で働く人の身分が多様化すると，正規職員としての図書館の専門的職員に求められる専門性も従来とは変化するとともに，図書館業務のノウハウや技術の維持・発展についての人事上の対策も，従来とは異なった総合的視点から検討する必要性が強まっている。

第6章　図書館の計画とマーケティング

　第3章で，利用者サービスや図書館維持のために必要な業務を，閲覧・奉仕業務，資料整理業務，管理業務に分けて概説した。また同章では，図書館の諸業務を統合・調整するための経営管理業務についても，これら三業務との関係で位置づけた。しかし，その詳細については本章でふれることにしていた。
　本章では，経営管理の本質であるマネジメント・サイクルの基盤ともなる計画を中心に，計画立案に密接に関連し，また評価とも絡むマーケティングを含め，図書館政策や新図書館開設計画と共に一括して経営管理業務を扱う。そこで本章では，経営管理と密接に関連する分野である計画マーケティングについて主に論述することにする。

1. 経営管理業務と計画・マーケティング

　第3章で紹介したように，ランガナータンは「図書館学の五法則」の第五法則で，「図書館は成長する有機体である」と述べている。有機体（生命体）は，身体を維持し，これを利用して活動を行う。そして，活動や身体維持は，脳・神経系によってコントロールされている。これを図書館の文脈に置き換えれば，「活動」は「利用者サービス業務」（閲覧・奉仕業務と資料整理業務）に相当し，「身体維持」は「管理業務」に相当し，「脳・神経系」は「経営管理業務」に相当するといえよう。すなわち，経営管理業務によって，図書館の諸業務は調整・統合され，絶えず図書館の使命や目的に向かって「成長」する。
　しかも現実の生命体の生命は有限であるが，図書館は無限すなわち，永続的な成長を目指さなければならない。
　経営管理にとってとりわけ重要なのは計画である。というのは，使命や目的を達成するためには，そのための道筋を示す計画が必要だからである。その意

味では，経営管理業務は，計画を基軸として，諸業務の調整・統合に関する意思決定を下す業務といえる。

経営管理業務と密接に関わる分野にマーケティングがある。マーケティングは，組織の交換活動を活性化させるための方法を提供するものである。交換というのは，営利組織の場合，商品・サービスと貨幣との交換（つまり販売）を指す。図書館の場合は，図書館サービスと利用（公共図書館の場合，利用の裏に税金や市民の図書館への協力がある）との交換ということになろう。つまり，マーケティングは，図書館利用促進の方法を図書館に提供してくれる。

以下では，まず，図書館の計画を取り上げる。ここでは，既述のように，経営管理業務の他にも，図書館政策や新図書館開設計画が扱われる。次いで，マーケティングの概略を述べる。

2. 図書館の計画

図書館の計画は三つに分けることができる。一つは個別の図書館レベルの経営計画，二つは国の図書館政策レベルの計画，三つは新館開設に関わる計画（新図書館開設計画）である。なお，図書館計画という用語がしばしば使用されるが，この用語は，新図書館開設計画のみを指して使用されることが多いので注意を要する。

(1) 経営計画

計画は，組織がその使命・目的や目標[1]を達成するための道筋を明示するためのものである。その意味で，計画は地図に似ている。地図がなければ，私たちは，容易に目的地に到着することができない。同様に，計画がなければ，組織は使命・目的を容易に達成できず，迷走しかねない。地図は，単なる目的地までの道しるべではない。周りとの関係で，自分はどの位置にいるのかをも明

---

1) 目的は組織が目指すゴールを意味し，目標はゴールに到達するために明確に設定された通過点（具体的諸課題）を意味している。

示してくれる。同様に，計画によって，組織の各部門は，全体との関係で，自部門の位置を確認することができる。なお，単なる目的地までの道しるべではなく，地図のような計画を描く作業は，特に，体系的計画作業（systematic planning）と呼ばれることがある。

経営計画は，図書館における計画の基本となるものである。これに基づいて，人事計画，予算計画やサービス計画など，さまざまな業務の計画が策定され，さらにこれに基づいて業務管理が行われる。

以下，経営計画に関して5点に整理して述べる。

1） 計画策定と使命・目的と目標の明確化　　図書館の一般的な使命・目的は多くの図書館学の文献に述べられているとおり，情報資源へのアクセスの保証と情報資源の保存・伝承である。しかしながら，これは図書館一般の使命・目的についてふれたものである。各図書館は，各々の図書館の設置目的と置かれている状況などによって，各々の図書館に特有の使命・目的があるので，これを明確化し，明文化する必要がある。これが計画立案の第一歩である。

使命・目的達成のためにさまざまな目標が立てられる。たとえば，知る権利を保障するという使命・目的達成のために，地域に暮らす老若男女すべてが図書館サービスを利用できるようにするという目標が立てられる。今度は，この目標達成のために，より具体的な目標が立てられる。たとえば，高齢者や障害者も利用できるように施設をバリアフリー（障害物のない状態）にするといった目標を挙げることができる。このように，目標は階層的に具体化されていく。より具体的な目標は，より高次の目標の手段となる。

この作業の参考のために，館種ごとにさまざまなガイドラインが作成されている。たとえば，公共図書館の場合，1987年に「公立図書館の任務と目標」が日本図書館協会によって作成されている。[1]

2） 計画のレベル　　先に本節(1)で，計画を地図にたとえたが，地図には

---

1) 日本図書館協会図書館政策特別委員会：公立図書館の任務と目標（最終報告）　図書館雑誌vol. 81, No. 9, p. 555-562 (1987)。なお，この解説が1987年に刊行され，1995年には，この増補版が刊行されている（日本図書館協会図書館政策特別委員会：公立図書館の任務と目標・解説　増補版　日本図書館協会　1995　85p.）

さまざまなレベルのものがある。日本地図もあれば，都道府県地図や1/5万や1/2.5万の地図もある。同様に，計画にもさまざまなレベルのものがある。館長や上級管理者は，主に，日本地図レベルの計画に関わる。これによって，組織全体としてどの方向を目指すのかを構成員全員に理解させ，その方向へ向かうよう，常に組織をコントロールできる。中間管理者は，日本地図レベルの計画を都道府県地図レベルの計画にブレイクダウンする。そして第一線に立つものは，これをまた，1/5万や1/2.5万の地図レベルの計画にブレイクダウンし，これに基づいて日々の業務をコントロールする。

3） 短期計画と長期計画　　通常，計画は短期計画と長期計画に分けて策定される。

短期計画の策定は長期計画を前提としており，その基本は会計年度ごとの年次計画であり，年度予算の編成は短期計画策定そのものとなる。年次計画はさらに，半期ごとの計画，月次計画と細分される。このような計画は，日常の諸業務と密接に関連しているので，業務計画と呼ばれることがある。

長期計画は，5年から10年程度の期間の計画である。内外の環境は絶えず変化しており，長期計画は不確定要素を多く含んでいる。そのため，計画は絶えず見直される必要がある。なお，長期計画のうちでも，包括的で組織の再編までをも含むような計画を策定する作業は，戦略的計画作業（strategic planning）と呼ばれることがある。

4） 代替案と意思決定　　通常，目的地に到着するための道筋は複数ある。そのため，目的地に到達可能な複数の道筋を明確にし，どの道筋が最も適切かを判断する必要がある。これが代替案の作成と意思決定のプロセスである。

意思決定のためには，各種業務報告・統計類や予算データなどが利用される。特別な場合には，このための調査が行われる。欧米では，この作業の際に，外部のコンサルタントが利用されることもある。[1]

5） 評　価　　経営管理業務は，一般に，計画(plan)― 実行(do)― 評価

---

[1] わが国では，あまりコンサルタントは活用されないし，図書館・情報サービスを専門とするコンサルタントもほとんどいない。

(see)のマネジメント・サイクルを描くとされる（**1-3図**，p6参照）。すなわち，意思決定された計画に基づいて諸業務は実行に移され，評価されるということである。評価の結果は，業務改善に役立てられなければならない。

このサイクルにおいて，業務は絶えず計画に沿うようコントロールされる。あるいは，計画があまりにも非現実的であったり，これに不備があった場合には，計画自体が修正される。

業務評価のためにチェックリストが作成されることがある。たとえば，日本図書館協会は，公共図書館の業務評価のためのチェックリストを作成し，提供している。[1]これは，**1)** で紹介した「公立図書館の任務と目標」を踏まえており，公共図書館経営の点検・改善を主として利用者の視点で行うための手段を提供するものである。

（2）図書館政策と図書館ネットワーク

図書館政策には，政府の政策，各政党の政策，日本図書館協会の政策など，さまざまなものがある。また，政策のレベルという点からは，これは，都道府県・市区町村レベル，国レベル，国際レベルのものに分けることができる。

図書館政策とは，『図書館用語辞典』によると，「図書館に関する政治上での方針と，それを推進するための手段」とある。[2] 方針を立ててそれを推進するためには，そのための計画が必要である。したがって，図書館政策は計画として具体化される。

政策のレベルに関連して，地域計画，全国計画，国際計画という用語が使用されることがある。地域計画は，市区町村，都道府県など，特定の地域の図書館政策に関する計画である。全国計画は，一国レベルの図書館政策に関わる計画である。国際計画は，世界レベルの図書館政策に関わる計画である。

図書館利用者の要求は多様化・高度化しており，これに対応して，図書館サー

---

1) 日本図書館協会図書館政策特別委員会：図書館評価のためのチェックリスト　日本図書館協会　1995　17p.
2) 図書館問題研究会編：図書館用語辞典　角川書店　1982　p.459。

ビスも多様化・高度化している。もはや,単一の図書館で十分なサービスを提供できる時代ではない。したがって,ネットワーク抜きには最近の図書館政策を語れなくなっている。以下では,このことを踏まえて,地域計画,全国計画,国際計画について述べる。

1) 地域計画 地域計画には,垂直的計画と水平的計画がある。後者はまた,地域内計画と地域間計画に分かれる。

垂直的計画というのは,市区町村立図書館と都道府県立図書館のネットワーク構築に関する計画である。したがって,都道府県内でどのように図書館サービス網を組み立てるかが検討の中心となる。

一般に,市区町村立図書館はサービスの第一線図書館と位置づけられ,対地域住民サービスの最前線に立つとされる。また,都道府県立図書館はサービスの第二線図書館と位置づけられ,これには市区町村立図書館の活動を補完し,後方支援すると共に,他館種や他地域のネットワークへ仲介する機能が要求される。したがって,市区町村立図書館を都道府県立図書館が支援する体制をどう組むかが,垂直的計画の焦点となる。この支援体制が機能している一例として,滋賀県の図書館ネットワークを紹介する。[1]

滋賀県立図書館では,市町立図書館とのコンピュータ・ネットワークなどを利用して,これらの図書館から資料のリクエストを受け取り,巡回車を運用して,当該資料をリクエスト先の図書館に届けている。また,図書館資料は,利用者ニーズに応えられなければならないが,滋賀県立図書館では,市町立図書館の蔵書を補完し,市町立図書館の入れ替え作業などで除籍になった資料を保存するサービスをも行っている。

地域内計画では,市区町村といった地域内で,どのように図書館システムを組むのかということが検討される。具体的には,中央館,分館,移動図書館

---

1) 木村英司:滋賀県における県立図書館を核とした公共図書館の資源協力 情報の科学と技術 vol.49 No. 11 p.1006-1013 1993。
2) 最近は,特に,自治体内の住民が等しくサービスを受けられる体制(ネットワーク)作りが重視されている。これに関連しては,全域サービスという用語が使用されることがある。

第6章 図書館の計画とマーケティング

(自動車図書館)と,これらの間の有機的ネットワークのありようなどが検討される。[2] たとえば,大阪市では,中央館と各区の分館がコンピュータ・ネットワークでつながっており,利用者は,最寄りの分館から大阪市の公共図書館が所蔵する全資料を探索できる。最寄りの分館にない資料は,リクエストすれば,巡回車によって分館まで届けられる。また,これとは別に,移動図書館を走らせ,地域住民にきめの細かいサービスを提供している。

図書館は生涯学習施設であるが,生涯学習施設には,このほか,博物館,公民館がある。生涯学習社会においては,これらの施設が協力し,補完し合ってサービスを発展させることが求められている。したがって,今後の地域内計画では,地域内における図書館ネットワークの検討のほか,類縁機関とのネットワークの検討も重要になる。[1] たとえば,近くの博物館機能をもった科学教育センターから科学玩具や郷土玩具などを借りて,図書館で子ども向け行事を行ったり,同センターに研究用の資料を貸し出したりすることもありうる。

このほかにも,大学図書館,公共図書館,専門図書館といった異館種間の協力も地域計画に入ろう。たとえば,公共図書館の中には,近くの大学図書館を利用したい利用者のために,資料の相互貸借にとどまらず,紹介状を発行するというサービスを行っているところもある。

地域間計画は,近隣の市区町村が協力して図書館サービスを提供するための計画である。これは,広域利用(計画)と呼ばれることがある。最近,このような,設置自治体の壁を越えた水平的図書館ネットワークが整備されつつある。

以下,長野県・諏訪地域の事例を紹介する。[2] (第2章5(3),巻末[**資料2**](p.162)参照)同地域では,地域内の三市二町一村で図書館ネットワークが形成されている。その結果,この地域の住民なら,一枚の利用者カードで地域内の図書館をすべて利用できるようになった。また,地域内の総合目録がコン

---

1) 湯上二郎,栗原均,毛利正夫:鼎談――効果的な事業のための図書館・博物館の連携 社会教育 vol.36 No.6 1982 48p.
2) 井上喜久美:報告――諏訪広域図書館ネットワーク みんなの図書館 No. 224 1995 p.13-17。

ピュータ・ネットワークによって形成されており,利用者は,地域内のすべての図書館の蔵書を探索でき,自館にない資料を他館にリクエストできるようになっている。リクエストされた資料は巡回車によって配本される。

2) 全国計画　わが国における公共図書館の全国的な図書館サービス体制は整備途上にある。『図書館年鑑』2001年版によると,市区における図書館の設置率は97.3%であるのに対して,町村における図書館の設置率は37.2%にすぎない。[1]このように,わが国では,町村立図書館の整備が課題となっている。今後,全国的なサービス体制の整備は,一つでも多くの町村に図書館が設置され,広域利用網が整備され,都道府県立図書館の市区町村立図書館に対する支援体制が進展し,さらに国立国会図書館が都道府県立図書館をバックアップするという方向で進むことが期待される。

　一方,大学図書館を中心とする学術図書館の全国的なサービス体制は急速に進展している。この中核になるのは,国立情報学研究所(National Institute of Informatics：NII,旧・学術情報センター(National Center for Science Information System：NACSIS))である。国立情報学研究所は,大学,短大,高専の図書館や研究機関の図書館など(以下,学術図書館という)とコンピュータ・ネットワークを組んでいる。これを通じて,国立情報学研究所のコンピュータ上に,ネットワーク参加館の目録データによる学術図書館の総合目録が構築される。

　参加館は,協同目録作業によって,目録作業を効率化している。協同目録作業は,所蔵資料の目録データを作成する時に,国立情報学研究所の目録データベースを検索し,もし,すでにその資料のデータが登録されておれば,そのデータを自館に取り込み,登録されていなければ自館で作成して,国立情報学研究所に登録するというものである。[2] 協同目録作業によって,国立情報学研究所

---

1) 日本図書館協会図書館年鑑編集委員会編：図書館年鑑　2001年版　日本図書館協会　2001　p.238-239。
2) この部分は,話を簡略にするため,所蔵データの登録作業に関する部分を省略している。協同目録作業の詳細については,本シリーズの『資料組織概説』を参照されたい。

の総合目録は日々規模を増大させており，現在，新規受入資料の90％以上の目録データが取り込み可能となっている。

総合目録は，目録作業の効率化のみならず，図書館相互貸借（Inter Library Loan：ILL）にも利用されている。その他，国立情報学研究所は，コンピュータ・ネットワークを利用して，各種データベース・サービスや電子図書館サービス（学術雑誌の本文イメージをコンピュータ・ネットワークを利用して入手できるようにしたもの）などを提供している。

先に，第一線図書館である市区町村立図書館と第二線図書館である都道府県立図書館の垂直的協力関係について述べたが，各学術図書館と国立情報学研究所の関係は，公共図書館における市区町村立図書館と都道府県立図書館の関係に似ている。また，各学術図書館は国立情報学研究所を通じて，水平的ネットワークを緊密にしている。なお，この国立情報学研究所と学術図書館との関係と類似した関係が，国立国会図書館と都道府県立図書館や市町村立図書館の間でも構想され，構築され始めている。

わが国の図書館・情報サービスの全国計画としての先進事例には科学技術系専門図書館を中心としたNIST（National Information System for Science and Technology）構想があり，これは科学技術情報の全国的流通システムの整備をはかったものである。ここでは日本科学技術情報センター（現科学技術振興事業団）を中心に，国立国会図書館や各種の科学技術系専門図書館など相互間の科学技術情報流通ネットワークを構想・推進した。

3）　国際計画　　国際計画にはさまざまなものがある。これは，たとえば規模という点からは二国間計画，多国間計画などがある。形式という点からは相互協力計画と先進国による発展途上国の図書館の支援計画などがある。計画母体という点からは民間の計画，自治体の計画，政府の計画，国際機関の計画などがある。これらさまざまな国際計画のうち，ここでは，国際機関の計画，それも近年まで，国際図書館連盟（International Federation of Library Associations and Institutions：IFLA）で行われていた主要計画に絞って述べる。

IFLAは各国の図書館協会などから構成された国際的な連合体である（1927

年設立)。これには，135を超える国から1,300団体以上が参加している。IFLA は図書館と情報サービス分野における国際理解，協力，協議，研究開発を目的の一つとしており，国際標準化機構 (International Organizaton for Standarization：ISO) や世界知的所有権機関 (World Intellectual Property Organizaion：WIPO) を含む国際的組織に代表を派遣している。

近年まで，IFLA は以下の5つのコア・プログラム (主要計画) を，UNESCO と協力しながら展開していた。

(1) 国際的な書誌情報や MARC レコードの標準化に関する計画(Universal Bibliographic Control and International MARC：UBCIM)
(2) 世界レベルで出版物を入手可能にする計画 (Universal Availability of Publications：UAP)
(3) 資料の保存修復に関する計画 (Preservation and Conservation：PAC)
(4) 世界的なデータ流通と通信に関する計画 (Universal Data Flow and Telecommunications：UDT)
(5) 第三世界の図書館員の技能向上に関する計画 (Advancement of Librarianship in the Third World：ALP)

なお，現在では，コア・プログラムはコア・アクティビティーと呼ばれており，上記のうち，(1), (2), (4)は，IFLA から他の機関に引き継がれている。

(3) 新図書館開設計画 (図書館計画)

新図書館を開設するには，図書館の構想・計画，開設組織，予算，職員，施設などについて十分な検討がなされなければならない。また，施設が整ったら開館準備に追われることになる。以下では，公共図書館に絞って，新図書館開設計画について述べる (第7章-2をも参照のこと)。

1) 構想・計画 ここでは，(1) 図書館の使命・目的と目標，(2) 図書館の全体像，(3) 各サービスの実態，が明確にされなければならない (その他予算，職員，施設なども明確にされなければならないが，これらについては後にふれる)。これらは，(1), (2), (3)の順に明確になっていく。

この作業を進めるにあたっては，図書館を取り巻く諸要因が考慮されなければならない。この諸要因は，大きくは，政治的要因，社会的要因，文化的要因に分けることができる。政治的要因というのは，国の図書館政策や都道府県の図書館政策（これは市区町村立図書館の開設計画に影響する），図書館法などの関係法規，予算規模，住民の要求などを意味し，社会的要因というのは，産業構造，都市構造，人口構成などを意味し，文化的要因というのは，地理，歴史，風土などを意味している。つまり，このような諸条件の中，あるべき姿が追及され，使命・目的と目標，図書館の全体像，そして図書館サービスが順次明確になっていくというわけである。

　これらは，基本構想，基本計画，実施計画へと，手順を踏んで詳細・具体化されていく。基本構想は，図書館開設に関する基本理念を示すものである。基本計画は，これを具体化し，計画としてまとめたものである。実施計画は，これをさらに実施レベルまで詳細・具体化したものである。予算は，これらに基づいて見積もられる。

　以下，兵庫県尼崎市の事例を紹介する。[1] 尼崎市は，『尼崎市総合基本計画 基本構想／基本計画』を1985年にまとめた。この計画では，全域サービス実現のため，図書館ネットワークの強化をうたっている。これを受けて，全域サービスを実施するためには，四つの地域図書館と四つの分館を開設する必要があるとの結論が出されたが，予算事情から見直しを迫られた。そこで，尼崎市は公民館が充実しているので，これの活用を考えた。すなわち，現在ある北図書館と南図書館のうち，老朽化が著しく，狭隘な南図書館を建て替え，中央図書館とすると同時に，六つの行政区に一つずつ公民館図書室を配し，資料提供のほか，読書普及活動を公民館と一体で行うこととした。

　この例では，基本構想・基本計画段階で全域サービスという目標が立てられ，それに基づいて実施計画が立てられたが，予算上の都合から見直しを迫られた。予算問題をクリアするため，第二次案として，公民館の活用と中央館の新設と

---

1) 藤井千年：図書館政策をどう作るか——地方自治体のなかでの試み　みんなの図書館　No.157　1990　p.2-13。

いう代替案を提案したのである。

2) 開設組織　公共図書館の場合，開設に責任をもつのは，通常，教育委員会であるが，開設計画のために特別な組織が作られることが多い。たとえば，事務局的な組織として，開設準備室が設置され，開設準備計画立案のために専門委員会が結成される。開設準備室のメンバーには，通常，館長候補者や館員候補者が就任する。専門委員には，図書館の専門家のほか，住民ニーズを反映させるため，図書館づくりに熱心な住民が就任することもある。図書館をすでに有する自治体では，図書館協議会を開設準備計画立案の中心として機能させる場合もある（図書館協議会については第2章-4を参照されたい）。

3) 予算　予算計画は，1) で述べた作業の中で明確化されたり，このような作業に基づいて立てられる。尼崎市の例からもわかるように，自治体の財政事情を考慮しない計画は見直しを迫られる。その意味では，予算計画を立てるときに財源問題が重要となる。

　図書館を開館するときの財源は，かつては，おおよそ次の三つに分けるのが一般的であった。すなわち，自主財源，起債，補助，である。自主財源というのは，税収入などによる"自己資金"を財源とするものである。起債というのは，いわば自治体の"借金"を財源とするものである（"借金"をするために，自治体は債券を起こすので起債という）。補助というのは，補助金を財源とするものである。補助金は，文部科学省のほかにも計画の立て方によってはさまざまな省庁から支給されうる（たとえば，総務省，経済産業省，国土交通省など）。また，都道府県の中には，独自に図書館振興政策を立て，市区町村立図書館のための補助基準を定めているところがある。補助金の有無は，財政規模の小さい町村の場合，その図書館開設計画に多大な影響を及ぼす。しかし，補助金を受けるには煩雑な手続きが必要であり，補助金のために図書館開設計画が制約を受ける場合もある。また最近では，上記の財源以外に，財源を篤志家（グループ）の寄付金による場合もあれば，PFI等のような新たな財源調達方法も提唱されている。寄付は外国ではしばしば見受けられるが，わが国では少数例しかない。

予算に関連して,しばしば,独立館と複合(併設)館ということが論じられる。ここで独立館というのは専用の建物を有する図書館を指し,複合館というのは建物の一部となっている図書館を指している。たとえば,ビルのワン・フロアを借りている図書館が複合館の例である。図書館開設に当たって,一時に最も予算を必要とするのが施設費であるが,複合館の場合,これが比較的安くすむ。また,複合の仕方によっては,補助金を得るのにも有利になる(たとえば,文化ホールや福祉センターなどと複合する場合)。そのほかにも,複合館には,利用者の利用しやすい立地を確保しやすいなどの利点もある。しかし一方では,複合館はさまざまな制約の中での図書館運営を余儀なくされる。たとえば,図書館が目立たず利用者にわかりにくかったり,多くの人々が訪れるにはエレベーターが狭かったり,建物の空間に図書館の方を合わせざるをえなかったり,増改築ができないなどの制約もある。

4) 職 員 職員計画は,予算計画と同様,1)で述べた作業の中で明確化されたり,このような作業に基づいて立てられる。

公共図書館の設置・運営について定めた図書館法によると,公共図書館には専門的職員としての司書(補)を置くことになっている。したがって,少なくとも図書館の専門的職務に携わる職員には,司書(補)資格が必要になる。職員計画を立てる際には,この点を十分に認識する必要がある。

開設準備室に司書資格の有資格者を置いて,図書館開設に彼らの専門知識を活かすことが望ましい。このことは,従来から図書館を有する自治体が図書館を建て替えたり,新築したりする場合には可能であるが,図書館を全く新設する自治体の場合は難しい。このような場合,すでに他の公共図書館で経験を積んだ有資格者を館長候補や管理職候補として採用することもある。

最近,規制緩和が叫ばれる中,公共図書館に専門職としての司書(補)を置くという図書館法の"規制"に疑問が発せられるようになってきた。図書館法に基づかない図書館を開設した自治体もあるが,規制緩和を背景に,今後このような自治体が増える状況にある。図書館法に基づかなければ専門職としての司書職を置く必要がないとの解釈もある。しかし,図書館法に基づかない図書館

であっても，司書職のいない職員構成で，本当に住民のためになるサービスの提供が可能なのかということを真剣に議論しなければならないだろう。

5) 施　設　　施設計画も，上記3），4）と同様，1）で述べた作業の中で明確化されたり，このような作業に基づいてつくられる。施設計画には，図書館を建てる場所の選定などに関わる立地計画も含めることがある。

施設計画では，1）で明確化された図書館サービスの諸機能を果たすためには，どのような施設が必要なのかが具体的に検討される。その際には，敷地，予算といった内容的な制約のほか，周囲の自然環境，社会環境，建築法上の規制といった外部的な制約をも考慮しなければならない。この作業の成果は，施設計画書（「建築計画書」ともいう）にまとめられることが望ましい。以下では，施設が完成するまでの筋道に焦点を絞って述べる。[1]

上述の計画書が作成されたら，これに基づいて，設計事務所に建物の設計を依頼する。したがって，計画書は図書館開設側の意図が設計側に十分に伝わるものでなければならない。設計は，企画設計，基本設計，実施設計へと，手順を踏んで詳細・具体化されていく。企画設計段階では，計画書の内容が図面化される。これをもとに，設計事務所と発注サイドの意思統一が図られる。意思統一が図れたら，基本設計段階に移る。この段階で模型が作成され，設計案の改良が行われる。実施設計段階では，工務店に発注可能になるまで詳細が詰められ，詳細図面が作成される。これが終われば，いよいよ施工が始まる。施工は，通常，設計事務所によって管理される。

6) 開館準備[2]　　施設の設計・施工と並行して開館準備が進められる。準備期間中に，館長をはじめとする職員が採用され（一部の職員は開設準備室職員としてすでに採用されていることが多い），人事組織が整えられる。また，サービスの実施計画が作成される。資料の収集・排架計画が詰められ，整理作業が始まる。備品類の詳細計画が練られ，発注される。広報活動も行われ，開

---

1) 主に次の文献を参照している。高山正也編：図書館・情報センターの経営　勁草書房　1994　p.111-112。
2) ここは次の文献を参照している。冨江伸治：開館準備　図書館情報学ハンドブック　丸善　1988　p.998。

館式典が準備される。自治体の図書館に関する条令・規則も，この間に整備されなければならない。

3. 図書館におけるマーケティング

一般には営利活動の方法とみられているマーケティング（marketing）を図書館に応用するというのは奇異に映るかもしれない。公共図書館・学校図書館・大学図書館は非営利組織であるし，民間企業の専門図書館といえども，企業の社員を相手に商売をしているわけではない。しかしながら，少なくとも現在の欧米では，マーケティングの非営利組織への応用が常識化しており，図書館経営の分野においても，マーケティングがその一分野として定着している。図書館におけるマーケティングは，生産された図書館サービスを利用者のもとに有効に提供するためのすべての活動を指している。

（1）図書館マーケティングの歴史

図書館へのマーケティングの応用は，1969年にコトラー（Kotler, Philip）（ら）がマーケティングの概念を拡張し[1]，非営利組織のマーケティング（marketing for non-profit organizations）を唱え出してから脚光を浴びるようになってきた。実際，図書館マーケティングに関する文献のほとんどすべてが，コトラーが非営利組織のマーケティングを唱え出して以降のものである。

1980年代，世界的に政治の保守主義が台頭し，経済的環境も悪化した。この状況下で，公共予算の削減が進み，削減の圧力は図書館界にも及んだ。専門図書館においても経済状況の悪化が図書館予算はもとより，図書館の存立基盤にも悪影響を及ぼした。欧米（特に米国）では，80年代初期から，図書館マーケティングに関する文献が多出するようになった。図書館界は，図書館サービス活動にマーケティングを応用して利用者へのサービス実績を上げることで，予

---

1) Kotler, P., Levy. S. J., *Broading the Concept of Marketing. Journal of Marketing*, 33 1969 p.10-15。

算削減に対抗しようとしたのである。現在の欧米の図書館界では,図書館マーケティングは定着期を迎えつつある。

これに対して,日本の図書館界は,この時期,図書館サービス活動をさらに活性化させるための新たなる方法の導入という面が弱かった。この点,マーケティングの活用を考えた欧米と日本とは対照的であった。今後,館種を問わず,図書館は厳しい状況に置かれよう。厳しい状況の中,図書館サービス活動を活性化させるための方法として,わが国においても,徐々にマーケティングが注目をあつめていくものと思われる。

(2) 非営利組織のマーケティングと図書館マーケティング

1) マーケティングの概念拡張　コトラーは,従来,営利組織が市場において利潤を上げるための活動とみなされていたマーケティングの概念を,次のようにとらえた。

営利組織における「販売」と同一構造が非営利組織にもみられることを見抜き,この同一構造を「交換 (exchange)」という概念で一般化した。つまり,「販売」は「交換」の一特殊形にすぎないということである。交換概念で「販売」を説明すると,営利組織と顧客は,互いに,商品・サービスと貨幣を交換しているとみなすことができる。これと同様に,非営利組織の場合,たとえば,警察と市民は,互いに,安全サービスと税金・協力を交換しており,教会とその信者は,互いに,宗教的サービスと教会への貢献・サービスを交換している。そして,図書館(公共図書館)と利用者は,互いに,資料・情報サービスと税金・協力を交換していることになる。このように,「販売」にかえて「交換」という概念を用いることで,マーケティングは,営利組織における販売促進に関わる活動から,交換一般を促進させる活動へと変貌し[1],非営利組織にも応用可能となった。つまり,マーケティングは,図書館サービスにおける「交換」

---

1) 「交換促進」と述べたが,正確には,「交換調整」というべきである。というのは,交換を減らす活動もマーケティングに含まれるからである(デマーケティングという。)たとえば,麻薬撲滅運動において展開されるマーケティングがこれにあたる。

促進のための方法を，図書館に与えることができるようになったのである。

すなわち，マーケティングとは，単なる販売・交換のための技術論の域を越えて，営利・非営利を問わず，価値やサービスを提供するための考え方，思想，すなわち哲学なのである。

2） マーケティングの基本哲学　マーケティングはさまざまな活動・戦略から構成される。これらの活動・戦略の中心におかれるのが，顧客指向（customer orientation）という考えである（図書館であれば利用者指向ということになる）。すなわち，交換を促進させるのであれば，徹底的に顧客を中心に置かねばならないという考えがマーケティングの基本哲学となる。顧客指向のもと，顧客満足（customer satisfaction：CS）を得ることを目指してマーケティング活動や戦略が関連づけられ，組織の交換促進目標が達成される。このための諸活動・諸戦略の管理は，マーケティング管理（marketing management）と呼ばれる。

（3）図書館マーケティングの計画立案と，顧客・競合戦略

ここでは，図書館の文脈を意識して，マーケティング計画の立案や顧客戦略，競合戦略について述べることにする。

なお，マーケティング戦略として非常に有名なものとしてマーケティング・ミックス戦略があるが，これについては，別途，項を改めて記す。さらに，非営利組織のマーケティングに特有な活動とされるファンドレイジングについても，項を改めることにする。

1） マーケティングの計画立案（planning）過程と流れ　マーケティング計画は経営計画に基づいて立てられる。正確には，経営計画のうち，図書館サービス活動の促進に関する部分をマーケティング計画が受けもつというべきである。以下，コトラーを参考にしながら，マーケティングの計画立案過程と流れを説明する。[1]

---

1) Kotler, P., Andreasen, A.：*Strategic Marketing for Nonprofit Organizations,* 4th ed. Printice Hall　1991　p.68-70。

まず，組織とその外的要因が分析される。前者では，組織の使命と目的・目標や長所・短所などが分析される。後者では，交換対象である顧客のほか，競合相手や社会的，技術的，経済的なマクロ環境が分析される。顧客は，公共図書館なら地域住民など，大学図書館なら学生・教職員など，学校図書館なら生徒・教員など，専門図書館なら当該組織の情報利用者などとなろう。競合相手は，図書館が情報サービス組織とすればデータベース・サービス会社やシンク・タンクなどがこれに相当するだろう。また公共図書館が生涯学習組織とすれば，博物館や公民館がこれに当たるだろう。

このような分析に基づいて，マーケティングの使命や目的・目標が設定される。今度はこれに基づいて，マーケティング戦略が設定される。マーケティング戦略では，顧客に対する戦略，競合に対する戦略，マーケティング・ミックス戦略などが検討され，決定される。図書館では，この決定によって，図書館サービス計画や戦略が明確にされることになる。この決定はマーケティング・リサーチの結果に基づいて行われる。

戦略を実行するために，詳細な実行計画(program)と戦術が検討され，タイムテーブルが作成される。一方では，実行計画の達成度を具体的に計るための基準(benchmark)も作成される。そして，実行計画が行われ，その結果が吟味され，戦略や戦術が再検討される。

上記の過程が，マーケティング計画という観点からとらえたマーケティングの流れである。

2） マーケット・セグメンテーション（market segmentation）（**市場細分化**）　マーケティングは顧客を中心に置くと述べた。顧客，すなわち利用者を中心に置くためには，利用者を漠然とした群（マス）でとらえてはならない。利用者一般というのは実際には存在しないのだから，このような発想では，個々の利用者の満足を得る資料やサービスを提供できない。これでは利用者を中心に置いているというよりも，図書館の都合を中心に置いていることになる。

利用者指向のマーケティングでは，マーケット・セグメンテーションが強調される。これは，利用者を漠然とした群（マス）でとらえるのではなく，利用

者をさまざまな特徴をもったグループとして明確にとらえることを指す。各特徴グループはセグメントと呼ばれ，グループ化（セグメント化）することをセグメンテーションという。マーケット・セグメンテーションによって，図書館は利用者の各特徴グループを明確に意識することができ，これらを中心に置いて，これらに合致した各種サービスを提供できることになる。現在，図書館では，さまざまな利用者を意識して利用者別サービスを展開している。これなどは，セグメンテーションの一例といえよう。

3）ポジショニング（positioning）　ポジショニングは競合相手との関係で，どのように組織を位置づけるかという戦略に関わるものである。たとえば，公共図書館を第一線図書館と第二線図書館に分けるというのは，一種のポジショニング戦略といえる。あるいは，博物館や公民館などの他の生涯学習施設との関係の問題もポジショニングの問題といえる。また，専門図書館なら，データベース・サービス会社やシンク・タンクなどとの関係をどう位置づけるのかという問題を抜きにしては，効果的なサービスを提供できないであろう。図書館の場合は，競合関係というよりは，ポジショニングによって，他の図書館や類縁組織との協力関係（ネットワーク関係）をいかに築くかが，この戦略の中心となろう。いずれにしても，図書館は，競合・協力組織との関係で自身を明確に位置づけ，その上で他の組織とネットワークを組むことなしには，サービス活動を促進できない。

（4）マーケティング・ミックス（marketing mix）

個々の利用者をマーケット・セグメンテーションによって明確にとらえ，ポジショニングによって自身の位置を明確化したら，マーケティング・ミックスが考慮される。ミックスというからには，何かを"混ぜる"ことになるが，"混ぜる"要素はマーケティング変数と呼ばれている。マーケティング変数は，四つのＰで始まる言葉で表現されることが多いので，４Ｐとも呼ばれる。すなわち，製品（product），価格（price），場所（place），促進（promotion）の４Ｐである。

1) **製品**（product）　　ここで製品はサービスをも含む。否，図書館など非営利組織の製品は，その多くがサービスそのものといった方がよい。以下，ラブロック（Lovelock, Christopher H.）を参考にしながら製品について述べる。[1]

サービスには，通常の製品とは異なり，(1)在庫がきかない（それゆえ需要のピークに対処しづらい），(2)顧客はサービスの製造者(図書館の場合は図書館員)と直接関係する，(3)具体的に見えにくい，などの特徴があるとされている。

マーケティングの世界では，製品の問題を考える場合，製品ラインや製品ライフサイクルという概念（用語）がよく使用されるので，以下，これらについて記すことにする。

通常，組織は複数の製品を提供する。それら製品のうち，関連するものどうしをまとめて製品ラインと呼ぶ。複数の製品ラインを形成して多様な顧客ニーズを満たそうとする場合には，製品ミックスという用語が使用される。

図書館も，さまざまな利用者のさまざまなニーズを満たし，図書館の使命・目的を果すために，さまざまなサービスを開発してきた。その中には，ラインを形成すると考えられるサービス・グループが存在する。たとえば，現在の公共図書館のサービス理論の基礎を築いたといわれる『市民の図書館』[2]では，読書相談，予約，資料選択，整理などが，貸出しを伸ばすサービスとして扱われている。この場合，貸出しを軸にして，その他のサービスがラインを形成していると考えられる。非営利組織のマーケティングでは，製品を，組織の使命遂行のための中核的製品，その消費を促進する補助的製品などに分けることがあるが，『市民の図書館』の考え方によると，貸出しが中核的製品，その他のサービスが補助的製品という位置づけになる。

このほかにも，点字資料の提供，録音資料の提供，対面朗読などは，視覚障害者向けの製品ラインを形成しているといえよう。また，読み聞かせ，ストー

---

1) ラブロック，C.H.他著，渡辺好章他監訳：公共・非営利のマーケティング　白桃書房　1991　p.558。
2) 日本図書館協会編：市民の図書館　日本図書館協会　1970　p.151。

第6章　図書館の計画とマーケティング

リーテリング，ブックトークなどは，児童向けの製品ラインを形成しているといえよう。

　上では，既存の図書館サービスを製品ラインという観点からグルーピングした。しかし，これは，既存のサービスをグルーピングするというよりは，製品開発のためのものである。すなわち，対象セグメントや組織の使命・目的との関係で，どのような製品ラインや製品ミックスを構成すべきかという観点から製品開発戦略を立てようとするものである。図書館は，様々な利用者の様々なニーズを満たさねばならないので，製品を開発する際には，単品サービスではなく，製品ラインや製品ミックスという考え方が，特に求められているといえよう。

　製品にはライフサイクルがある。通常，新製品は，導入期から成長期を迎え，成熟期を経て衰退期にいたるとされている。導入期から成熟期の前期まではS字曲線的に需要が伸び，成熟期の後期から期衰退期では需要が曲線的に落ちてゆく（**6-1図**参照）。このように，製品というものは，永久に需要（寿命）があるものではないので，マーケティングの世界では，常に，新製品を投入することが強調される。その際には，現在ある製品がどの時期にあるのかを見定めて，新製品投入のタイミングが測られる。

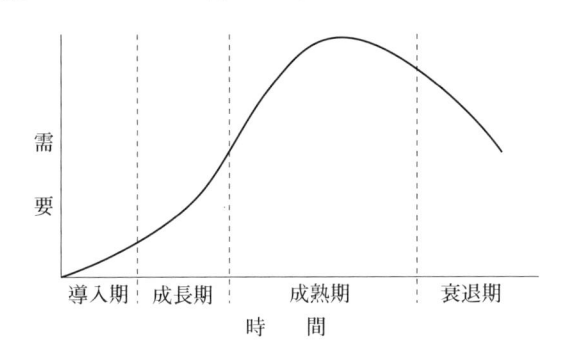

6-1図　製品ライフリサイクル

　いくつかの図書館の製品（サービス）をライフサイクルにあてはめてみよう。閲覧サービスや貸出サービスは成熟期に入っているといえるかもしれない。高

齢者サービスは成長期に入る可能性が高い。多文化サービスは導入期といえよう。カード目録による所蔵資料情報提供サービスは衰退期に入っており，これに代って，OPAC(Online Public Access Catalog)による所蔵資料情報提供サービスが成長期を迎えている。

　2）　**価格**（price）　　価格は，非営利組織，それも無料を原則とする公共図書館では無視をしてよい変数に思えるかもしれない。しかし，公共図書館といえども，複写サービスのように有料のサービスもある。今後，データベース・サービスなどが本格化してくると，価格の問題は避けて通れなくなる。おそらく，特定のサービスに限って有料サービスを提供せざるをえなくなるものと思われる。このとき，マーケティング的には，いかに利用者が納得する価格を設定するかが問題となるが，これこそ価格戦略の問題である。ただし，課金の問題は，交換促進というマーケティング的側面のみから扱うべきではなく，少なくともその問題の本質部分は，図書館の使命・目的との関係で議論されるべきである。

　なお，非営利組織のマーケティングでは，価格を，そのサービスを利用するのに要する代償ととらえることがある。たとえば，図書館サービスの場合，これを利用するのに必要な時間，労力，精神的・肉体的苦痛などがこれに相当する。

　3）　**場所**（place）　　場所は，流通(distribution)とも呼ばれ，流通経路と立地の両方を含んでいる。したがって，移動図書館や図書館ネットワークも場所の問題のカテゴリーに入る。

　営利組織，それも，とりわけ製造業の場合，立地の問題はサービス業との比較上，重要性を減じる。というのは，顧客の所まで製品を送り届けることが可能だからである。ところが，非営利組織の場合は，サービスが中心となることが多いので，顧客に製品を送り届けることが難しい。通常，顧客がサービス提供場所に来なければならない。それゆえ，立地の問題は重要である。

　場所という観点からは，図書館ネットワークの構築が焦点となる。というのは，公共図書館をいくら来館に便利な場所に建てても，1館のみでは，地域住

民全員が利用しやすいという状況を実現するのは難しいからである。それゆえ,本館のほかにも分館を建て,移動図書館をも走らせるということが検討される。大学図書館の場合も,中央図書館のほかにも,分館・分室が建てられることが多い。専門図書館の場合も,設置組織(その多くは企業)の規模が大きい場合は,分館(分室)の問題を考えざるをえない。

　先に,サービス業では,顧客に製品を送り届けることが難しいと述べたが,不可能ではない。なぜなら,サービス要員が顧客の所に訪問するということも考えられるからである。移動図書館がその好例である。

　今後は,コンピュータ・ネットワークを利用した(流通チャネルとする)サービス提供が重視されてくるものと思われる。既に,専門図書館は,分室を各所に置くという方向性から,コンピュータ・ネットワークを駆使して,組織の各部門にサービスを提供するという方向性にシフトしつつある。大学図書館もこの方向性を模索しており,わざわざ図書館に行かなくても,自身のコンピュータからある程度のサービスを受けられるようになりつつある。公共図書館も同様で,ウェブ・サイトをサービス提供拠点の一つにすることが考えられている(たとえば,OPAC,電子メールをチャネルとする各種サービスの受け付け,レファレンス・サービスの受け付けなど)。ウェブ・サイトには,実際の図書館と違って,24時間,どこからでも利用できるという特長がある。

　4) 促進 (promotion)(広報活動)　促進はコミュニケーションとも呼ばれ,組織の交換対象に組織のことを伝える活動すべてを含んでいる。図書館では,通常,これは広報活動と呼ばれている。

　阪田は,主に公共図書館を意識して,広報活動の目的を次の六つに分類している[1]。(1)図書館活動[図書館サービス]を広く利用者に知らせること,(2)潜在的利用者に広報活動を行なうことによって,より多くの利用者を獲得すること,(3)活動計画[サービス計画]を宣伝することによって,利用者の望む活動を推進するべく,企画を改善すること,(4)潜在的利用者も含め,図書館活動への理解と協力を得ること,(5)図書館活動を経済的に支援する支持者を生み出す

---

1)　阪田蓉子:広報活動　図書館情報学ハンドブック　1988　p.902。

こと，(6)利用者に図書館の利用法を知らせること（なお，(5)については，ファンドレイジングの箇所（p.98）を参照されたい）。

　広報活動は，館報や図書館案内などによってなされるほか，これには，ポスターやちらしも利用される。街角の行政掲示板などにポスターを掲示することはもちろん，役所や潜在顧客の立ち寄りそうな場所にもこれを掲示すべきである。また，そのような場所には，ちらしも置くべきである（たとえば，児童サービスでは，保健所などが有力な場所となる）。そのほかにも，「市（町村）政だより」（もしくは，「都（道府県）政だより」）の類に取り上げてもらうことも忘れてはならない。

　公共図書館は，通常，費用などの関係上，テレビ・ラジオ，新聞・雑誌などのマスメディアを利用できない。しかし，パブリシティー（publicity）といって，テレビ・ラジオのニュースなどで取り上げてもらったり，新聞・雑誌の記事として取り上げてもらうことは可能である。ドラマの舞台に図書館を使うこともある。公共図書館はパブリシティーを積極的に活用すべきである。

　図書館利用者のために，館内には，既述の館報・図書館案内のほかにも，様々なパンフレット・リーフレット類や掲示物を配するべきである。さらに，種々のサイン（標識）を設置し，図書館利用の便を図ることを忘れてはならない。サインは館外にも設置すべきである。これは，図書館の存在をアピールすると同時に，初めての利用者を図書館に誘導するという機能を果す。

　図書館のような人的サービスが重要な組織では，サービス要員，図書館の場合は図書館員，によるコミュニケーションが決定的となる（したがって，利用者が図書館員を容易に識別できるように，図書館員は，制服や名札の着用など，一目で図書館員とわかる配慮をすべきである）。図書館員に悪い印象を持った利用者は，図書館を利用しなくなるばかりか，この利用者から図書館の悪い噂が広まることになる。これは，逆に考えれば，図書館員に良い印象をもった利用者は，図書館を積極的に利用するばかりか，図書館の良い噂を広げてくれるということを意味している。

　口コミによって悪い噂も良い噂も広がる旨を述べたが，非営利組織は口コミ

を重要なコミュニケーション・チャネルの一つとして位置づけ，これを積極的に利用すべきだといわれている。その場合には，多くの人に影響力を有する人物（オピニオン・リーダー）が注目される。たとえば，学校の先生に協力を求めて，生徒たちに図書館のことを話してもらうということが考えられる。

「友の会」が結成されている図書館であれば，会員が自宅の壁に，図書館に関するポスターを貼ってくれる可能性が高い。米国などの場合，「○○図書館（を利用しよう）」という文言を刷り込んだTシャツの類を作って着用してくれたり，このような文言のステッカーを自動車に貼るということは，広く行われており，これらの図書館グッズの売り上げが図書館の収入に貢献している。

今後は，ウェブ・サイトの利用が増えよう。しかしながら，そこから流れる情報が，ちらしやポスター類と一緒というのでは，これの能力を十分に活用しているとはいえない。WWWはインタラクティブ（interactive：双方向）なメディアなので，この性質を積極的に活用すべきである。たとえば，図書館内を仮想的にツアーできる仕組みを組み込むことが考えられる。これなどは，紙のちらしやポスターでは実現できない。もちろん，図書館に対する要望を知るという意味で，図書館の電子メール・アドレスも記しておくべきである（メールに関連しては，メーリング・リストを利用して，図書館の情報を伝えることも考えられる）。なお，3）で述べたように，ウェブ・サイトは，コミュニケーション・チャネルのみならず，サービス提供チャネル（流通チャネル）としても注目されている。

5） マーケティング変数のミックス　　上記の製品，価格，場所，促進の4要素（4P）を"混ぜる"（有機的に統合する）ことをマーケティング・ミックスという。4Pがうまく組み合わされると交換は促進される。どの要素がまずくても，交換は促進されない。

たとえば，最適の立地条件（「場所」）の図書館であっても，サービス（「製品」）が悪ければ，利用は伸びないであろう。また，良質のサービス（「製品」）を提供しても，立地条件（「場所」）が悪ければ，利用は伸びないであろう。さらに，最適の立地条件（「場所」）でよいサービス（「製品」）が提供されていて

も，図書館の所在やサービス内容が利用者に伝わらなければ（「促進」がまずければ），利用は伸びないであろう。価格についても，今後，図書館サービスの一部有料化が避けられなくなった場合，たとえ，その他の3Pがうまくミックスされていても，これがために，その有料サービスが利用されなくなるということが想定される。図書館は，常に，4Pの最適ミックスを意識してサービス戦略を練るべきである。

6） ファンドレイジング（fund-raising）　これは，非営利組織に特有のマーケティング活動である。営利組織であれば，交換は販売の形式をとるので，これによって組織の運営資金を得ることができる。しかしながら非営利組織は，多くの場合，交換によって組織の運営資金を得ることができない。そこで，運営資金や資源を得るため，募金活動やボランティアの募集活動などが行われるのであるが，これをつかさどるマーケティングがファンドレイジングである。一部の図書館で「図書館友の会」が結成され，このメンバーが能動的にボランティア活動を行っているが，これなどは，マーケティング的には，ファンドレイジングの一例と解釈できる。

　ファンドレイジングはマーケティング活動の一部なので，当然のことながら，これにはマーケティングの方法が適用される。すなわち，募金を得ようとする対象やボランティアになってもらいたい対象が"顧客"とされ，これを中心に置いて，戦略や活動が展開される。

　いま，学校図書館での募金活動を現行の法体系の下ではなく，純粋にマーケティング理論に即して解釈すると次のようになる。

　もし，学校図書館が募金をつのりたいのであれば，募金対象となる親たちに，いかに学校図書館が重要なもので，親たちの募金によってどのようなことが実現されるのかを説明しなければならない。これによって，親たちは学校図書館をよいものにするという満足と金を交換するのである。また，図書館資料の寄贈を受ける場合にも，同様に，図書館というものの社会的意義，図書館の蔵書を豊かにするためにはどのように資料が必要なのか，そのような資料の寄贈によって図書館がどう変わるのかを十分に伝えなければならない。これによって，

社会的貢献に対する満足と資料（の寄付行為）が交換される。ボランティアの場合も同様な配慮が必要である。

　ただ，現行の地方自治体の会計方式では，公立の図書館は募金や寄付を受けるための会計制度がない。このため，図書館のための募金や寄付が設置母体の自治体に入金されるという不都合が生じる。このため，図書館の財源として純粋にファンドレイジングを考えるには図書館が独立した会計主体となるか，ファンドレイジングで得られた財源を公益信託にするなどの工夫が必要となる。

　図書館は，その設置母体である親組織から予算を割り当てられるのであるが，親組織に対する予算獲得にもマーケティングが有効とされている。予算獲得活動も一種のファンドレイジング活動といえるが，親組織の理解を得る活動は，特にインターナル・マーケティング（internal marketing）と呼んで区別することがある。

　たとえば，公共図書館の場合，教育委員会の理解を得る必要があるし，親組織とは若干異なるが，地方議会の理解をも得る必要がある。このため自治体の行政部門を対象に「庁内情報拠点化事業」として情報提供サービスを実施している公共図書館も出現した。

第7章　図書館の施設整備計画

　本章では，図書館建築とその施設・設備・備品について述べる。なお，図書館新設のプロセスについては，第6章-2．(3)をも参照されたい。

1．図書館建築

　近年の技術の進歩により，図書館も新しい技術を導入して，経営の効率化を図ることが求められている。図書館建築，施設・設備についてもそれに対応することが必要不可欠である。同時に，最近，さまざまな施設において「快適性（アメニティ）」を高めるための環境づくりの重要性が指摘されている。図書館において，図書館サービスが有効に利用されるには，利用者が心地よく過ごせるような，また，図書館職員が快適に効率よく図書館サービスが行える図書館空間であることが必要不可欠である。

（1）図書館の機能と図書館建築

　図書館の機能は，公共図書館，大学図書館，学校図書館，専門図書館などの館種により異なる。したがって，図書館建築も，館種による相違があるのは当然である。ここでは，公共図書館と大学図書館をとりあげ，それぞれの基本的な機能と図書館建築の概略を述べる。

　1）公共図書館　公共図書館は，地域の利用者の要求に基づいた資料・情報提供サービスを目的とし，利用者のだれもが，いつでも，どこでも，どんな資料・情報でも利用できることを基本的機能としている。このため，「中央館」を中心に，利用者の要求に身近で直接応えるための図書館サービスを行う「分館」や「移動図書館」を設け，これらのサービスが有効に行えるようなネットワーク・システムが形成される。生涯学習時代の到来や余暇の増加などか

ら，公共図書館では，利用者のだれもが，いつでも，どこでも利用しやすい建築・施設であることが重要である。

　図書館施設は単独施設であることが望ましいが，最近では複合(併設)施設も増加している。これについては，第6章-2．(3)-3）(p.85)を参照されたい。

2）大学図書館　大学図書館は大学に附属して設置され，学内の学生と教職員また外部の研究者をも奉仕対象とし，研究・教育を支援することを基本的機能とする。[1]しかし設置母体である大学の性格や規模により，図書館の性格はかなり異なったものとなる。大学図書館は，研究図書館的機能，学習図書館的機能，および総合的な教養の場としての図書館機能を複合してもっており，個々の大学の性格に対応して，どの機能を最も強調するかが異なってくる。[2]

　図書館建築物の配置は，学生の日常動線上に位置することが重要である。内部の空間構成は，さまざまな種類・形態・主題の資料が相当数置かれるので，利用しやすい明解な資料配置が必要となる。そして，多数の学生や教員が利用することから，閲覧席を十分に設置し，資料配置との組合せを念頭に空間構成が行われる。大規模大学において大学の敷地が分散している場合などは，中央図書館の外に分館または部局図書館などが設置される。

（2）環境や技術等の変化への図書館建築の対応

　図書館を取り巻く環境や技術は急速に変化している。そこで図書館建築は将来の変化にできるだけ対処してゆけるように，フレキシビリティを常に考えて設計されなければならない。まず，床荷重については，現在書架の配置されている場所に加え，将来，書架を設置したい部分，特に集密書架を配置する可能性のある部分は十分に荷重に耐えうる構造計画が必要である。天井高も十分にとり，将来の書架の配置替えやレイアウトの変更が容易にできるよう，壁など

---

1) 植松貞夫・木野修造：図書館建築——施設と設備（中村初雄・前島重方監修・図書館学シリーズ9）樹村房　1986　180p.
2) 長澤雅男："15．大学図書館"図書館学研究入門——領域と展開（長澤雅男・戸田慎一編）日本図書館協会　1990　p.235-252。（図書館員選書・17）

の仕切りや照明のあり方に配慮しておく。[1]また, コンピュータ目録やオンライン・システムなどを導入できるよう, 図書館施設のインテリジェント化に留意し, どこにでもそのような場所をとれるように配線面での配慮が必要である。美観や安全面からも, 床下や壁に配線を収納する方法が好ましく, 室内のレイアウトの変更にも対応できるよう各種コンセントを用意しておくことも必要である。配線容量とともに電源容量も機器類の導入に十分に対応できるようする必要がある。[2]

コンピュータ・ネットワークや新技術の発達に伴って, 図書館では, 外部データベースを利用したり, 資料を遠隔保管するようになり, 資料や情報源の蓄積・保管機能と利用者サービス機能とが分離する傾向が強まるとされている。さらに, データベースを駆使して外部の資料や情報にアクセスできるようになると, 今までコレクションの規模で決められていた大規模図書館, 小規模図書館という定義も変わってくるであろう。図書館の概念の変化は, 図書館建築に対する考え方も根本的に変えてゆくこととなる。

2. 図書館新設の過程

図書館新建築の新設計画の過程は, ①企画・構想, ②建築・施工, ③運営, の三つに大別できる。これらの過程には, 図書館関係者はもちろん, 建築家 (設計者), 施工者, 各種技術専門家などさまざまな人々が関与する。この節では, これら三つの過程について概略を述べる。

(1) 企画・構想

企画・構想とは, 新設計画の母体となる図書館建設委員会などの組織の設立

---

1) Metcalf, Keyes D. : *Planning Academic and Research Library Building.* 2nd. ed. Chicago, ALA. 1986, 630p.
2) 小畑信夫：ニューメディアと図書館施設（特集：図書館建築と施設）現代の図書館 Vol. 27 No3 p.155-160 (1989)。

から，図書館建設計画書を作成し，建築家を選定して検討を依頼するまでの過程である。

　企画・構想段階で重要なことは，図書館側が図書館の基本的な機能を把握し，将来の変化に対してもきちんと予測ができていること，図書館関係者がリーダーシップをとり，優れた建築家を選定することである。具体的建築施工に移る前に，新しく作られる図書館の理念やイメージを固めて，建築家にそれを伝え，設計図面に盛り込まれるようにすることが重要である。この過程での重点作業としては次のようなことが挙げられる。

　① 図書館の使命，基本的性格の明確化
　② 立地・環境の決定
　③ 問題点の洗い出し
　④ 図書館のイメージの確立と，環境のイメージとの整合・調整
　⑤ 建設計画書の執筆・作成

（２）建　築・施　工

　この過程は，①企画設計，②基本設計，③実施設計，④施工，⑤完工，という一連の過程をたどる。主として建築家（設計者）が中心となって行われる。しかし，この過程が円滑に行われるには，①の企画設計で，図書館関係者の思想が建築家に伝わりやすく計画書に盛り込まれていることが肝要である。また④の施工では，施工者が建設工事に携わり，建築家（設計者）には工事監理が委嘱される。

（３）運　　　営

　完工・引き渡しをもって，新設計画の過程が完了するわけではない。開館・日常業務開始に至るまで，蔵書や設備・備品の搬入と配置，試行，手直しなどの作業が必要となる。日常業務の開始に先立ち，その運営の計画設定を行い，いよいよ運営開始となるのである。

3. 図書館施設の構成

(1) 図書館スペースの構成

1) スペース計画　図書館の建築内部のスペース計画を行う際，機能的で面積的に有効であることが重要であるが，同時に建築物として魅力的であることが望まれる。図書館の館種により，また図書館の使命・基本的性格により，どのようにスペースを配分するかは異なるが，アーロンとエレーヌ・コーエン（Aaron & Elaine Cohen）によると，図書館のスペース計画を考慮する時の一般的な優先順位は次のとおりである。[1]

① 図書館に保管されるコレクションのためのスペース
② 図書館を利用する利用者のためのスペース
③ 図書館の働きを維持していく職員のためのスペース

図書館建築はコレクションのためのスペースがまず最初に考慮されなければならない。なぜなら，コレクションの存在が図書館の存在する理由であり，コレクションの規模が図書館の面積を左右するからである。コレクションはふつう書架に収納され，開架式の図書館であれば，その多くが直接利用されるわけである。また，一部のコレクションは書庫・資料庫に保管・保存される。

開架式の書架の配置されるスペースは，同時に利用者のためのスペースともなる。利用者のためのスペースはその他に，カウンターや閲覧席やラウンジなどがあり，共に図書館内では人の出入りの多い場所となる。

このようなスペースは，すべてが平等な条件となる正方形ないし，それに近い長方形の平面にするのが最も効果がよく，面積的に有効である。照明も正方形の平面の時に最大の効果を発揮する。ところが，正方形とか，それに近い長方形というのは一般的に建築物として魅力がなく，美的面で劣る。したがって，

---

[1] Aaron Cohen ; Elaine Cohen. Designing and Space Planning for Libraries : *A Behavioral Guide.* New York, R. R. Bowker, c1979（栗原嘉一郎・植松貞夫共訳：図書館のデザインとスペース計画　丸善　1984　293p.）

図書館の中には美学上の目的からL型やT型をした平面や,曲線を取り入れた平面構成をとっているところも見うけられる。

この矛盾を解消するものとして,コーエンらの指摘する「中心部正方形型」の考え方がある。これは利用者の行動が最も多いゾーンや最も変化が激しい場所を正方形にして中心部におく方法である。この場所は最も目の届く必要のあるスペースであり,カウンターが配置される場所はこの中に含まれる。

一方,図書館職員専用のスペースである事務作業室,首脳部諸室,会議室や,音響上また視覚上のプライバシーを必要とする部門などはこの中心部正方形の中には設けない。すなわち,中心の正方形のゾーンは利用者のすべての行動がそこから拡がり,また,集まる図書館の焦点である。

図書館職員のワーキング・スペースは,蔵書や利用者のために必要なスペースに比べるとなおざりにされがちであるが,職員が有効なサービスを行うためには,そのワーキング・スペースが快適な環境であることが望ましい。わが国では,一般の企業においてもワーキング・スペースが欧米に比べて狭いとされている。1人当たりのスペースの比較によると,国内企業で平均$8.6m^2$,外資系企業で$15.0m^2$,米国では$22.2m^2$,ドイツ(旧西ドイツ)では$14.8m^2$と,その差は歴然である。またワーキング・スペースに対する不満として,① 気分転換のスペースがない,② 書類が氾濫している,③ 狭い,が上位3位を占める。職員のためのスペースには,閲覧・奉仕業務や資料整理業務といった日常業務を行うためのワーキング・スペースのほか,管理職のオフィス,会議室や研修室さらに休憩室やラウンジなどが含まれる。

2) モデュラーシステム　　図書館の空間構成を考える上で,モデュラーシステム(modular system)という,フレキシビリティを得るための手法がある。これは,一定の間隔で置かれる支柱によりつくられる正方形または長方形の区画を平面構成の基本となるモデュール(module)を設定するものである。階段,エレベーター,トイレ,ダクトスペースなど固定的なものはできるだけ集約し,それ以外の空間は何にでも利用できるスペースとして均等化する。固定壁を少なくし,可動間仕切りや,取り外し可能な書架や家具・備品を置く

などして，フレキシビリティを制限するものはできるだけ避ける。そうすることで，図書館内のある目的に利用されていた平面を他の目的に振り替える内部配置替えに当たっては，難しい構造的変更の必要がないとされている。この手法は，1930年代に米国で考案され，1950年代から60年代にかけて米国の大学図書館建築の主流となった。

モデュラーシステムの利点は，どの目的にも対応ができる融通のきくスペースができるということである。また設計の際の費用見積りの作業が単純化され，施工の際には基本寸法で統一された材料を使うため，現場の作業時間が節約され，材料の切断，つぎはぎなどの無駄が大幅に減る。

一方，モデュラーシステムの欠点は，空間の適合性のために最も厳しい条件に合わせなければならないことである。すなわち，床荷重はすべての平面に事務室の2倍にも及ぶ書庫対応とし，空調や照明は在室人数の多い閲覧室対応にという具合で，その結果，建築原価が高くなる。また，多目的の適合性を追求するため，いずれの目的にも100％の性能を発揮しえないという問題もある。さらには，建物の形態が単調になるということも指摘されている。

このモデュラーシステムは，わが国の図書館建築にも大きな影響を及ぼした。しかしわが国では，建築基準法による防火区画のための界壁が義務づけられていることなどから，区画を越えての自由な間仕切りが不可能となる。このためわが国では完全なモデュラーシステムの採用は難しい。[1]

（2）主要スペースと設備の配置

1） カウンター（出納台）の配置　　図書館においてカウンター（出納台，circulation desk）の配置は非常に重要である。なぜなら，カウンターは，利用者のほとんどが入・退館時に立ち寄り，図書館職員に接することから，利用者動線と利用サービスを行う職員動線の中心となるからである。カウンターの位置は，入・退館のチェックのためには出入口に近いことが，また貸出しなどの

1）　植松貞夫・木野修造：前出書　p.100　脚注1）p.99～101。

一般的な業務のためには利用者と職員の動線上にあることが要求される。レファレンスを同一カウンターで行う場合は，レファレンス機能を生かすためにカウンター位置は建物の中心部に求められることも多い。

カウンターの配置は，標準的に出入口に対して振り返り型，横向き型及び対向型がある（**7-1図**参照）。原則として，入館する利用者と職員が互いに監視されているという心理的負担をもたず，館内および退館者に視線がゆきとどくことが必要である。その意味から，一般に対向型よりも振り返り型・横向き型の方が望ましいとされている。

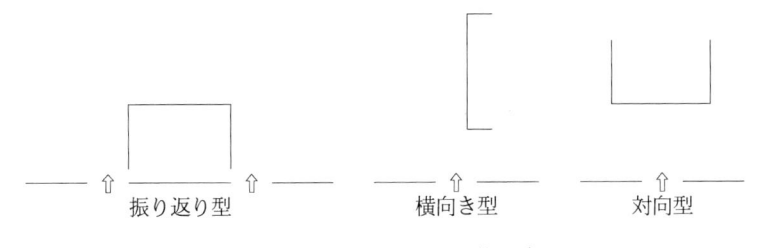

7-1図 カウンターの位置[1]

2） 書架の配置 書庫の配置は収容力と利用しやすさを考慮して計画する。収容力を高めるためには，書架を高くして段数を増やす，書架間隔を狭めて連数を増やす，通路を狭くするなどの方法があるが，利用しやすさを考えると限度がある。また収容力を高める書架構造として，積層書架，集密書架がある。

一般の単層・標準書架の場合，高さは最上段の本に手が届く範囲とすると，普通は7段どまりで，最高面は約2.2mとなる。書架間隔は，普通，両面(複式)書架中心間の距離（スパン）で表わす。書架の配置計画は，建物の規模，開架か閉架か，スパン，書架間で行われる行為などを考慮して決定する。書架間隔と書架間で行える行為の関係を**7-1表**に示す。

1） 植松貞夫・木野修造：前出書　p.100　脚注1）。

7-1表　書架間隔と書架間で行える行為

書架間隔	適用箇所	書架間で行える行為
120cm	閉架実用最小値	最下段の資料を膝をついて取り出せる
135	閉架実用値	最下段の資料を腰を曲げるだけで取り出せる
150	開架実用最小値	接架している人の背後を自由に通行できる
165	開架実用値	声をかければ接架している人の背後をブックトラックが通行できる
180	資料数の多い開架常用	接架している人の背後をブックトラックが通行でき，車いすでも利用できる
210	利用者が多い開架常用	利用者に気がねなくブックトラックが通行できる
240	利用者が多い開架常用	下段が突出している書架が使用できる　車いすがすれ違える

(出典)　植松・木野：図書館建築　樹村房　1986　p.107。
　　　　西日本工高建築連盟編：新建築設計ノート　図書館　彰国社　1989　56p.

4．配慮すべき装備

（1）インテリジェント技術

　インテリジェント技術は，情報化社会の進展によるオフィスビルの高機能化に対応する技術として発達し，業務の効率化，知的生産性の向上，および快適な空間の創造を目指すものである。[1]図書館においてもこの考え方を取り入れる必要性が叫ばれ，図書館施設のインテリジェント化に関心が高まっている。図書館施設のインテリジェント化とは，「高度な技術を利用して快適な室内環境の形成を行い，それによって知的創造活動の効率化を図っていくこと」[2]　が

---

1)　21世紀情報図書館研究会：「21世紀情報図書館」（仮称）への提案第2次報告書　日本開発構想研究所　1995　147p.
2)　植松貞夫：図書館施設のインテリジェント化（特集：図書館建築と施設）　現代の図書館　Vol.27　No.3　p.161-166（1989）

目的であり，図書館の電子化の追求とか事務作業のコンピュータ化の徹底だけを目指すものではない。まずは，事務室の効率化を図り，職場や利用者が仕事を効率よく遂行するために必要な機器・家具を装備した最小単位の機能空間を導入することが望ましい。さらに，仕事の効率を高めるために，「快適性（アメニティ）」を高めるための環境づくりも含まれる。図書館においても利用者ならびに職員が心地よく過ごせるような「快適性」を求めることは大事なことである。

インテリジェント技術は，照明と採光および色彩，騒音対策と音環境，温・湿度と空調対策，家具と備品のデザインなどの図書館施設の種々の領域において適用可能であり，施設の効率化とともに快適性を高めることに貢献する。個々の領域におけるインテリジェント技術については，次節「5.快適な図書館空間の創造」において述べる。

（2）蓄積・保存と搬送技術

図書館内のコレクションの保存（ストレージ，すなわち書庫），および貸出カウンター（出納台）または図書館内の他の場所への搬送（トランスポーテーション）は，職員を他の専門業務に専念させるためにも，省力化，自動化が今後要求される。コレクションの保存方式は，図書，逐次刊行物については，「固定棚方式」が一般的であるが，スペースの確保から「電動棚方式」も普及しつつある。搬送の自動化を進める場合，資料を1冊単位で棚から自動出し入れする「自動ピッキング方式」が理想型であるが，図書，逐次刊行物はその形状，重さなどがすべて異なり，この方式採用は難しい。ビデオ，LD，CDなどのAV資料については，形状が統一・標準化されていることから，「自動ピッキング方式」も可能である。図書，逐次刊行物の場合は，完全自動化するなら，資料を幾冊か専用コンテナに入れ，自動的に出し入れする「自動倉庫方式」が適しており，わが国でも大学・専門図書館を中心に導入が始まっている。[1]

---

1) 21世紀情報図書館研究会：前出書　p.107　脚注1) 報告書に同じ。

搬送方式としては、コンベア方式、リフト、有軌道台車方式、AGV (Automated Guided Vehicle) 方式などがあるが、いずれも立体搬送が必要となる。コンベア方式はすでに多くの図書館で採用されている。

国立国会図書館新館では、地下書庫と地上閲覧部間、および新刊書納本に対する本館から新館への搬送を行う書籍搬送設備が導入されている。垂直搬送と水平搬送（ベルトコンベア）からなり、専用のトレイに書籍を入れて送るシステムである。また、伝票やカードの搬送には気送管搬送設備もある。また、本館ではバーチカルコンベアを用いた垂直循環搬送設備も導入されている。

このように、ストレージ&トランスポーテーション技術を導入することにより、出納・排架業務の省力化、迅速化を図り、業務の効率を上げることができる。

（3）防災・防犯と安全対策

図書館建築が被る災害には、日常災害と非常災害がある。日常災害には建物自体に起因するもの、犯罪などがあり、非常災害には天災である地震、水害などと、人災である火災などが挙げられる。防災設備に関しては、一定水準のものが建築基準法や消防法により設置が義務づけられている。[1]

1） 火災と地震　　火災については、図書館は耐火建築物とすることが望ましい。火災をできるだけ一定区画でくい止め、書庫内の資料を守るために、耐火構造の床・壁または耐火シャッターによって、火災区画を孤立させ、書庫と遮断して延焼を防ぐことが必要である。また、避難通路を確保し、万が一、火災が発生したら、職員が利用者を速やかに安全に避難させることが大事である。図書館建築においては、直通階段を2カ所以上設け、2方向の避難経路を確保することが規定されている。

消火設備としては、水は資料を汚損するので、局所的なスプリンクラーの作動ができる装置の導入にとどめ、主体はガス消化設備を設けることが図書館に

1）　木野修造：図書館建築における安全対策（特集：図書館と安全対策）現代の図書館　Vol.24　No.3　p.130-134（1986）

とっては望ましい。ハロン消化剤が主流を占めていたが,ハロンのオゾン層破壊という環境問題から,使用の規制が強化されている。[1]

また地震国であるわが国では,地震に対する対策が必要不可欠である。地震の揺れによる図書の落下と書架の転倒の防止としては,高書架は床に熔接して完全に固定することや,すべての書架の上部をつないで安定させることなどが必要である。

2) 図書館犯罪 図書館犯罪の代表的なものとして,①破損行為,②盗難,③問題利用者,④暴行,⑤放火,などがある。[2] 近年,わが国においても,破損行為と盗難を中心に,防犯対策が問題となっている。破損行為には,図書その他の資料の破損,設備・機器の破損およびその他の館内・館外での破損行為などがある。その中でも特に多いのが,意図的な図書の破損であるとされている。盗難に関しては,図書をはじめとする蔵書の盗難,設備の盗難,利用者の所持品の盗難などがある。この中でも,図書の盗難が図書館で最も多く発生する犯罪である。盗難防止に関しては,無断帯出防止システム(ブック・ディテクション・システム(BDS))の果たす役割が大きい。[3] このシステムは大学図書館から始まり,現在では公共図書館にも広がっている。この装置は,図書に貼付されたテープの磁気を消磁し,図書の館外持ち出しを可能にするテープ方式のものが多い。しかし,この装置の導入に際しては,図書の盗難防止ではなく,貸出手続きのし忘れをチェックするという図書館職員の態度が必要であろう。また,図書館先進諸外国では死角となる閲覧室,書庫内および廊下,手洗所などのユーティリティスペースでの安全を確保するため防犯監視カメラを設置しているが,わが国でも可及的速やかな対応が必要となっている。

3) コンピュータ・セキュリティ 図書館にコンピュータ・システムが

---

1) 青木美恵:ハロン消火剤と環境問題 カレントアウェアネス No.154 p.4-5 (1992).
2) Kirkpatrik, John T. Explaining Crime and Disorder in Libraries. *Library Trends.* Vol.33 No.1 p.13-28 (1984).
3) 友光健二・栃谷泰文:図書館の犯罪——アメリカでの調査結果と犯罪の分析ならびに対策(特集:図書館の安全対策)現代の図書館 Vol.24 No.3 p.162-167 (1986)

広く導入されるに伴って,コンピュータに障害が生じた場合の影響が問題となっている。コンピュータ・システムはその安全性と信頼性が強く要請される。そこで図書館においても,今後,コンピュータ・セキュリティが要求されるようになってくる。コンピュータ・セキュリティとは,「データやデータを処理する機器,施設が,① 意図しない変更や破壊またはアクセスを受けることのないような対策を講じること(その結果を生じさせる原因が故意であるか事故であるかを問わない)。② 万一,上述の被害を受けた場合でも,(1) 限られた範囲の重要な業務は継続できること。(2) 損失発生直前の状態にできるだけ早く回復し,オペレーション全体を正常に戻せるよう図っておくこと。」[1]と定義されている。

具体的なセキュリティ対策としては,① 設備面での対策,② 技術面での対策,③ 運用管理面での対策に大別できる。電源設備に関しては,通常は商用電源を使用しているが,停電時にはコンピュータ専用の補助(非常用)電源に切り替わる装置が必要である。図書館においても自館の図書館業務のコンピュータ化をはじめ,図書館ネットワークにおけるオンライン・システムを導入する図書館が急増している。このような環境の中で,コンピュータ・ウイルス感染防止など,今後さらにコンピュータ・セキュリティを充実することが必要不可欠である。

4) 避難・誘導対策 図書館では図書館に来館する利用者のための安全対策を考慮して設計されなければならない。建築設備面では,まず床の段差をなくすことが第一である。これは特に車椅子の利用者にとっても必要不可欠である。[2]その他,防火や耐震などの安全対策は先に述べたとおりである。さらに,万一このような災害が起こった場合の誘導避難経路や誘導システムの整備,災害時の職員の対処の仕方を日頃から訓練しておくことなどが必要である。ま

---

1) 中前正憲:コンピュータ・システムのセキュリティ対策(特集:図書館と安全対策) 現代の図書館 Vol.24 No.3 p.169-175 (1986)
2) 佐藤光二:利用者に対する安全対策―名古屋市鶴舞中央図書館の場合 (特集:図書館と安全対策) 現代の図書館 Vol.24 No.3 p.151-157 (1986)

た，図書館の被る種々の損害に対し，保険の適用も考え始められている。

（4）エコロジカル・エンジニアリング

　近年，地球環境の保全問題が提唱されている。建築におけるエコロジカル・エンジニアリングとは，社会環境の変化を予測して，地球環境，都市環境との調和を事前に評価する一連の企画・設計・評価技術である。図書館施設においても，エコロジカル・エンジニアリングの技術を種々の面で採用することが望まれる。

　その事例のいくつかを紹介すると，自然光を効果的に効率よく室内に取り入れることで，図書館内の照明を節約することができる。また，室内に断熱効果の高い壁を用いたり，空調をできるだけ個別の部屋でコントロールできるシステムや床吹き出し空調を用いることなど，省エネルギー観点からの工夫が必要である。また，太陽電池などの太陽熱利用や節水，雨水など水の再利用なども，今後，図書館でも考えてゆかなければならない技術である。

（5）ノーマライゼーション

　ノーマライゼーションとは，デンマーク語の「ノーマリセーリング」を英訳したもので，福祉における政策の基本的な考え方である。障害や種々のハンディキャップをもつ人をそのまま受け入れて，普通の生活条件を提供することである。[1] 障害をもつ人も健常者も共に暮らす地域社会において，誰もが普通に利用できる施設の設置が重要である。そこで特に公共図書館においては，さまざまな障害をもつ人のみならず，高齢者，妊婦および外国人というような，ある種のハンディキャップを有する人々も利用しやすい施設であることが望まれる。高齢者や身体障害者に対しては，入口に車椅子対応のスロープを設ける，段差をなくす，身障者用トイレの設置などが求められる。また，車椅子で自由に書架の間を移動できるスペースの確保が望ましい。視覚障害者に対しては，

---

1)　大熊由起子：「寝たきり老人」のいる国いない国——真の豊かさへの挑戦　ぶどう社　1990　p.78-85。

入口や館内の誘導方法を考慮したり，大活字本の充実や視覚補助設備・器具の設置，点字ブロックの設置，点字サインや拡大鏡の準備などが求められる。また，日本語に精通していない外国人利用者に対しては，絵や記号などを用いた，わかりやすいサイン，国際言語での案内などが必要である。

　図書館は物心両面でバリアフリーな環境を実現する必要がある。

5．快適な図書館空間の創造

（1）照明と採光，および色彩

　一般のオフィスや読書をする場合の適正な明るさ（推奨照度）は，平均500ルックス程度とされているが，大学図書館などのように長時間，閲覧を行う所では，800ルックスを設計照度として使用する場合も多い。[1]

　この照度は，室内を一様に明るくする全般照明で得ることが目の健康上望ましいが，今日では省エネルギー的観点から局部照明で机上面の照度を高めることが推奨されている。この局部照明は，必要な箇所に必要な時のみ容易に高照度が得られる。しかし，目の疲労しない範囲に輝度対比を設定することが必要で，そのためには全般照明が少なくとも机上面照度の3分の1以上あることが望ましい。

　さらに人工照明に自然採光を調和させ，適正な明るさになるように計画することが必要である。自然採光は省エネルギー的観点から重要であるばかりでなく，窓外に目をやり，リフレッシュを図るためにも重要で，快適な室内環境を得るために必要不可欠である。しかし，自然採光がまぶしすぎたりVDT作業にはあまり適さないなどの問題もあるので，ブラインドを設置するなどの対策によって採光をコントロールすることが必要である。[2]

　図書館内の色彩は，各スペースを作り上げていくうえで非常に重要な要素と

---

1)　植松貞夫・木野修造：前出書　p.100　脚注1）p.150～153。
2)　同上書　p.164。

なる。色彩によって図書館の魅力を高め，精神を高揚させることもあれば，その逆もあるので，慎重に検討しなければならない。館内の色彩を考える場合，最も強い印象を与える区域の色を最初に選択する。普通，最も広い区域の色を最初に選び，最も狭い区域へと順次進んでいくのが一般的方法である。したがって，天井および床の色が装飾の観点からは最も重要になる。

今までの一般的な図書館の色彩計画は，アイボリー系統のおとなしい色でまとめ，その中に木質の家具を配するものであった。これは空間の色彩をおさえて，家具や備品また多彩な図書資料を目立たせようとする配慮でもあった。しかし今日では，色彩を変化させることで空間識別を行うなど，色彩を空間構成そのものにより積極的に取り入れるよう大きく変わってきている。また，絵や文字を描いたり，原色の導入なども見うけられるようになってきている。図書館の空間全体が明るく華やかになる傾向にあり，このことは利用者層の拡大や図書館活動の活性化とも関連する。

（2）騒音対策と音環境

図書館においても，ある程度の音の存在は活気のある図書館活動として当然視されるので，必要以上の音の遮断はあまり考えなくてよい。しかし，閲覧，読書のための音環境づくりは必要である。

図書館の騒音には，館外からの音と館内で発生する音がある。館外の騒音は，遮音効果が高く気密性のある外壁材を使用することや，窓サッシの性能向上により，かなり防ぐことができる。

館内の騒音レベルは天井の高さに左右される。天井高の低い空間は，音が天井に反射し周囲に到達するのでうるさく感じる。反対に天井高の高い空間は，音が空気中で拡散し天井での反射も少ないため騒音レベルを低く抑えることができる。天井仕上げ材に吸音性のある材料を使用すると，さらに効果的である。館内の歩行者の足音は，床にカーペットを敷くと，その吸音効果により騒音レベルを抑えることができる。

最近，図書館では，コンピュータをはじめとする機器発生音やその他の電子

音が新たな騒音源として問題になっている。その対策としては，機器の選択の際に騒音レベルの低いものを選んだり，騒音吸収フードやカバーを施し，機器の騒音源をカウンターや閲覧スペースから遠ざけるなどが考えられる。今後，図書館のインテリジェント化が進みOA機器の導入がさらに増えてくると，このような機器発生音の騒音緩和対策を積極的に考える必要があろう。[1]

　音響の面で気をつけなければならないのが，図書館中央部に吹き抜けを設ける場合である。吹き抜けは空間に開放性や視認性をもたせるが，騒音が一つの階から別の階へと自由に移動するので，その設置には十分な注意をはらう必要がある。

　最近，音の環境を考えるサウンドスケープという概念が広まりつつある。今後，その施設の目的にあった音の環境をデザインしていくことが必要である。不必要な音や，望ましくない音を規制・緩和する騒音対策もその一つである。また，音を付加することにより，より快適な空間をつくりだすという方法もある。その例として，最近広まりつつある図書館でのホワイト・ノイズや環境音楽（BGM）がある。図書館の環境音楽については賛否両論があるが，リラックスできる空間をつくることや，音楽によるマスキング効果という利点がある。今まで，図書館は静かな所という暗黙の了解のため，図書館の音環境についてあまり取り上げられてこなかった。サウンドスケープ概念の導入により，今後，図書館のより良い音環境を求めることを積極的に考えていくことが重要である。

（3）温・湿度と空調

　図書館の各室の中で最も室内気候を重視しなければならないのは，保存を目的とした書庫である。とくに貴重な図書の保存には低温低湿が要求されるが，必要以上に低すぎても図書をいためやすいので，空気調節により温度15℃前後，湿度60％以下を保つようにする。一方，一般の書庫は図書の出し入れが多

---

1) 馬場俊明：公共図書館の音環境に関する一考察（特集：図書館をとりまく環境Ⅱ）
　 現代の図書館　Vol.29　No.4　p.238-243（1991）

いので，その温・湿度条件は閲覧スペースと大差のない22±5℃，60±5％とすることが望ましい。

　冷暖房が適切に行われ，換気も十分であることが利用者や職員にとって重要である。最近では一般に，空調の対応を，建物全体の均一制御から，部屋ごとの分散制御に，またワーキング・スペースにおいてはゾーンごとに温・湿度を感知して制御を行うシステムや，個人単位のパーソナル制御への対応が進んでいる。

(4) サイン計画

　案内サインシステムは，明確に示された方向指示や案内情報によって，利用者を図書館の目的の場所へと導く。そこで案内サインは慎重に検討しなければならない。図書館のサイン計画には，図書館の建物への道を示す屋外サインと，図書館の内部で使われる方向指示サインがある。後者には，利用者を資料へと導くものや，ラウンジやトイレのような施設に導くものがある[1]。

　図書館のサイン計画は重要であるが，サインは必要最小限にとどめることがサイン計画の前提となる。

　サイン計画を行うにあたっての注意事項は，次のものなどがあげられる。

　　① 文言は簡潔で，直ちに理解できるか。
　　② 記号類は簡単で明瞭か。
　　③ サインはすぐに目に入る位置にあるか。
　　④ 必要な距離から見て，判読可能な大きさか。

(5) 家具と備品

　図書館を有効に利用するために，さまざまな家具や備品が必要となる。図書館の家具や備品を購入する際の検討事項は，次のことなどが重要である。[2]

---

1) Pollet, Dorothy ; Haskell, Peter C. comp. and ed. Sign Systems for Libraries. New York, R. R. Bowker, c1979.（図書館のサイン計画：理論と実践　木原祐輔・大橋紀子訳　東京　木原正三堂　1981　p.243）
2) Aaron Cohen, Elaine Cohen：前出書　p.103　脚注1）p.118。

①　機能的なデザインと使用上の感触

②　製品・素材の質

③　組合せ可能な家具類の範囲・種類

④　据付・取りはずしや模様替えの容易さ

1）机・椅子・キャレル　閲覧机の形態や寸法にはさまざまな種類があるが，一般的によく用いられるのは1人掛，4人掛，6人掛のものである。成人用の机面寸法としては，1人掛 105×60cm，4人掛 180×120cm，6人掛 240×120cm，を標準とし，高さは70cm程度である。個人で図書館を利用する場合，1人掛が好まれる。しかし，1人掛は広い面積（1人掛 $3.3m^2$／人，6人掛 $1.6m^2$／人）を必要とするため，単位面積あたりの座席数が減少する。また，グループで利用する際には，多人数掛の方が使いやすいこともある。そこで，種々の机を組み合わせて利用者が選択できる机配置をすることが望ましい。児童用には円形や多角形のものが多く用いられる。

椅子は，長時間の読書，筆記などに適するために，座面の傾斜が少なく平らに近いものがよいとされる。選択にあたっては，人間工学的な観点の他に，デザイン，耐久性，コストなどが考慮される。[1]

1人掛の机の周囲に隔壁をめぐらしたものをキャレルという。種々の形態があり，普通，個別の照明器具が備えつけられている。これが発展すると閲覧用個室になる。さらに，ラップトップ型パソコンの普及に伴い，閲覧机にネットワーク接続のためのインテリジェント・コンセントも不可欠になってきている。

机・キャレルの数や配置に関しては，図書館の館種により，また規模により異なる。一般に大学図書館では個人またはグループでの学習用として，種々の形態の机・キャレルが用意される。また，公共図書館では貸出しに重点がおかれるので，一般に閲覧のためのスペースは大学図書館に比べて少ないが，成人用と児童用など種々の利用者層を対象に設置をする必要がある。

2）書架と収納家具　書架の素材はスチールか木製が一般的である。ス

1）　植松貞夫・木野修造：前出書　p.100　脚注1）p.117。

チールは耐久力があり，単位部材の組立による互換性にすぐれ，価格が低廉である。一方，木製書架は木の持つあたたかさ，親しみやすさ，そして家具としての豪華さという点から，近年，開架フロアの書架に多く用いられている。さらに，傾斜式書架などの個別加工が容易である。しかし木製の書架は，耐久力ではスチールに劣り，火災の危険もあり，組立ての際の互換性も乏しい。

書架の構造としては，積層書架，集密書架，そして単層・標準書架がある。積層書架は書架の支柱が上層の書架と床デッキを支持する構造となっている。この書架の利点としては，各種の集密書架を除けば，収容力の点では比類のない収容能力を提供することである。問題点としては，建築構造の一部となっているのでフレキシビリティに欠けること，また，その中の閲覧設備が制限されてしまうことなどである。[1]

集密書架は，書架に面した通路をつめて移動させる形式のものが一般的である。狭いスペースで収容効率を高めるのに便利であるが，利用が頻繁にある資料の収納には適さない。また，床荷重が一般の書架より重くなるので，その荷重に耐えうる構造が必要である。

単層・標準書架は，書架の基本型であるが，その高さや形態にはいろいろな種類がある。

一般に低書架（3段，4段）はフロアの見通しがよく，広々として空間の快適さが強調される。そこで，カウンターまわりなどでは視線を通すために低書架を据え付けることが多い。しかしこれは利用しやすい上段を活用していないことにもなる。そして図書館にとっては，空間的な解放感よりも資料をコンパクトに収納し利用者に提供することの方が図書館サービスの本質として重要であるとする見解もある。そこで，収納冊数を増やすことを優先する大学図書館では7段書架が一般的である。

下段傾斜型の書架の導入は十分な検討が必要である。その理由として，① 下段を傾斜させても，相当の角度でなければ効果がない。② 書架の前に立つ

---

1) 本田明・西田博志・菅原峻：図書館施設を見直す　日本図書館協会　1986　p.129 -132.

人は,傾斜棚によって上段との間に距離ができ,上段の本がとりにくい。③ 書架の幅が広くなるため,書架列間の有効幅を十分にとった場合,一定面積当たりの書架数が少なくなる,などがあげられる。[1]

3) その他の家具・備品　図書を収納する書架以外に,図書館ではさまざまな形態の資料を収納する家具が必要である。その主なものをあげる。[2]

① 大型図書やミニチュア本の書架(収納・展示架)
② 最新号の雑誌架(差込み型雑誌架,傾斜型雑誌架,ふた付棚雑誌架)
③ 新聞架,新聞台
④ 目録カードケース
⑤ 大型辞典,アトラス用書架
⑥ 地図ケース
⑦ 視聴覚資料ケース
⑧ 絵本書架
⑨ パンフレット・ケース

---

1) 本田・西田・菅原:前出書　p.118　脚注1) p.58〜61。
2) 植松貞夫・木野修造:前出書　p.100　脚注1) p.122〜124。

第8章 図書館ネットワークの形成

1. 図書館ネットワークとその意義

(1) 図書館ネットワークとは

　現代の図書館にとって「ネットワーク」という概念は、理念的にも、また実際的にも欠くことのできない存在である。図書館ネットワーク（library network）を最も広義に解釈して、「複数の図書館間における何らかの連関」と考えれば、その歴史は図書館自体のそれと同じくらい過去にまで遡ることができる。実際、図書館間での写本の貸し借りのような相互協力は古代においてすでに試みられていたといわれている。

　より具体的に、広い意味での図書館ネットワークとして、
　① 分担収集、相互貸借、分担目録作業などの図書館間相互協力
　② 国立図書館などのコレクションの共同利用組織
　③ 本館と分館との間の関係のような組織的な構造としてのネットワーク（これは一般には「図書館システム」と呼ばれることも多い）
　④ 図書館員の間での人的な交流により形成されるネットワーク
　⑤ 図書館を接続するコンピュータ・ネットワーク
を含めて考えることにすれば、図書館ネットワークという概念は現在の図書館にとってまさに本質的なものであるといえる。実際には、「図書館ネットワーク」という語は多様な範囲で用いられ、上に列挙した①～⑤までを幅広く含む場合もあれば、ある一部分のみを指すこともある。

　あるいは、図書館間の連関を、図書館相互協力（cooperation）、図書館ネットワーク（network）、図書館協同体（consortium）に分類し、参加館が完全に

平等なものを相互協力，本部によって参加館が統制されるものをネットワーク，中間的なものを協同体（コンソーシアム）と区別する説もある。[1]

本章では，図書館経営の視点から上記の①～③および⑤を重点的に説明する。

（2）図書館ネットワークの発展を促した背景的要因

図書館ネットワークがなぜ必要とされ，現在のような形にまで発展したかを理解するには，次の二つの背景的要因をおさえる必要がある。すなわち，
① 情報量の増大および情報メディアの多様化と，それに伴う経費の増大
② 通信ネットワークを含む情報技術の進展と，それに伴う図書館業務の機械化

である。

1）　情報量の増大と情報メディアの多様化　　第二次世界大戦以降の出版量の増大については至るところで指摘されているが，特に，学術的な出版物は指数関数的に増加しているといわれている。このような状況においては，その図書館が必要とする資料を単独で網羅的に収集・維持することが困難になっている。

たとえば，ある主題に関する雑誌論文は，ある少数のコア・ジャーナル（core journal）に集中して掲載される一方，数多くの「周辺的な」雑誌に分散することが経験的に知られている。この経験則をブラッドフォードの法則（Bradfordの法則）と呼ぶ。雑誌のタイトル数の増加によって，このような周辺的な雑誌を識別・収集することが困難になっている。

8-1図はブラッドフォードの法則を模式的に示したものである。各雑誌はさまざまな論文を掲載しているが，ある主題Aに限定した場合，主題Aに関する論文を数多く掲載する雑誌と，そうでない雑誌とに分けることができる。8-1図では，主題Aに関する掲載論文数の多い順に雑誌を並べてあり，その上位の雑誌群がコア・ジャーナルということになる。

---

1)　高山正也編：図書館・情報センターの経営　勁草書房　1994　p.528～9。

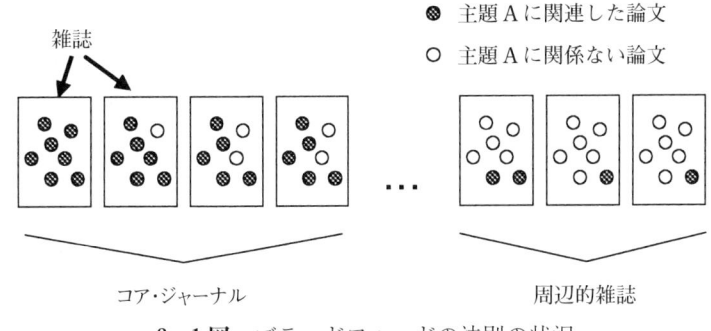

第8章　図書館ネットワークの形成

⊗　主題Aに関連した論文
○　主題Aに関係ない論文

コア・ジャーナル　　　　　　　　　周辺的雑誌

8-1図　ブラッドフォードの法則の状況

　ある図書館が主題Aに関するサービスを提供しようとした場合，まずコア・ジャーナルを購入すべきである。しかし，**8-1図**に示すように，主題Aの論文は周辺的な雑誌にも掲載されており，しかもブラッドフォードの法則によればその雑誌数はかなり多い。このような周辺的な雑誌までを購入するにはかなりの経費が必要であり，実際にはすべての購入は不可能であろう。そこで，経営の観点からは，周辺的な雑誌は購入せず，そこに掲載された論文に関しては，図書館ネットワークを利用した相互貸借や文献複写によって対処せざるを得ないわけである。

　一方，図書に関しては，簡単な数値例を挙げると，たとえば2000(平成12)年のわが国における新刊書籍点数および平均価格は，『出版年鑑』によれば，65,065点，2,963円である。単純にこれらを掛け合わせれば，総額で約1億9千万円となるが，これに対して資料費の予算が1億円を超える都道府県立図書館は，東京都立のみである。[1] もちろん，これらの図書館が『出版年鑑』の統計が対象とする図書すべてを購入する必要はないのかもしれないが，わが国で一般に市販されている図書以外にも，雑誌や新聞，さらには洋書などさまざまな資料の購入が必要になることを考え合わせれば，これらの予算規模が現在の出版量に対していかに小さいかを理解するには十分な数値であろう。

　さらに，ビデオやCD-ROM，さらにはDVDなどに代表される情報メディ

---

1) 日本図書館協会編：日本の図書館　統計と名簿2000　p.18。

アの多様化という要因と，出版物の価格の上昇などの要因が加わり，主題分野の範囲がかなり限定されている図書館でさえ，その利用者の要求に十分に応えうるコレクションを単独で構築・保持することが困難になっている。このため，現代的な図書館では，分担収集や相互貸借，文献複写などの相互協力が必要不可欠となり，それらの発展が促されることになったわけである。

2） 情報技術の発展と図書館の機械化　第二次世界大戦後に実用化されたコンピュータは，その初期の頃から，図書館と密接な関係をもっていた。たとえば，情報検索へのコンピュータの応用は1950年代からすでに試みられていた。その後，コンピュータの発展に伴って，図書館のさまざまな業務・サービスに対して，コンピュータによる機械化（automation）が進められた。機械化は「自動化」あるいは「電算化」とも呼ばれ，現在では，たとえば，

① 資料の発注・受入業務……重複調査，発注，登録など
② 分類・目録作成作業……分類記号の付与，目録作成，典拠管理など
③ 貸出業務……貸出，返却，更新，予約，延滞の管理など
④ 管理業務……予算・会計管理，各種統計の作成など

などにコンピュータが導入されている。その他，蔵書点検などの業務においてもコンピュータは重要な役割を果たしており，現在では，コンピュータなしには図書館は機能しないといっても過言ではない。

　コンピュータが導入されれば，図書館内あるいは図書館間でのコンピュータネットワークの構築が可能になる。これによって，たとえば，相互貸借や分担目録作業などの相互協力において，それらに必要なデータを通信回線を通じて瞬間的にやりとりすることが可能になる。特に，近年ではインターネットに代表されるようなコンピュータネットワークの発展がめざましい。

　このように，コンピュータによる通信回線を利用した図書館ネットワークの構築が容易になり，より一層の業務・サービスの改善が達成されつつある。特に，近年の人件費や出版物の価格の上昇に比較して，その予算が伸びないために，経済的な問題を抱えている図書館は数多い。このような図書館においては，機械化や図書館ネットワークによる業務の標準化や効率化が一つの解決策とな

る可能性がある。

2. 図書館ネットワークの種類

前節で述べたような背景から，さまざまな図書館ネットワークが発展しており，その範囲・機能は多岐にわたっている。これらの多種多様な図書館ネットワークは次のような側面から分類できる。

(1) 対象とする業務・サービスの内容（機能）
　　分担収集，相互貸借，分担目録作業，参考調査業務，資料保存など
(2) 地理的な範囲
　a）図書館内でのネットワーク
　b）図書館間でのネットワーク
　　同一組織内でのネットワーク，地域的なネットワーク，全国的なネットワーク，国際的なネットワークなど
(3) 主題・館種の範囲
(4) 位相的な構造
　　完全分散型，完全集中型，合成集中型，階層型など
(5) コンピュータ・ネットワークを利用するかどうか

（1）対象とする業務・サービスの内容

ここでは，図書館ネットワークをその機能の点から分類し，それらの業務・サービスの内容についてそれぞれ説明する。具体的には，分担収集，相互貸借と文献複写，分担目録作業，参考調査業務，資料保存を取り上げる。なお，ネットワークを通じて資料や目録データなどの資源を共有するという意味で，これらは資源共有(resource sharing)の一種としてとらえることも可能である。

1） 分担収集　　図書館が単独で必要な資料を収集することが困難な場合に，複数の図書館があらかじめ担当を決めて，計画的に資料を収集することを，分担収集あるいは協同収集(cooperative acquisition)という。その古典的な例

は，米国のファーミントン・プラン(Farmington Plan)である。これは，1948年から1972年末までに実施された計画で，諸外国の出版物を必ず米国のどこかの図書館で利用可能にすることを目標に実施された。[1]なお，この計画はその後，米国議会図書館による全米収書目録計画（National Program for Acquisition and Cataloging：NPAC）に発展・解消されたと考えられる。

一方，わが国における分担収集の事例としては，国立大学拠点校による外国雑誌の分担収集の制度がよく知られている。これは，日本の大学図書館であまり購入されていない外国雑誌を対象として，主題分野別に拠点校を決め，その附属図書館が重点的にその収集を図ることによって，国立大学相互間で広く利用できるようにするシステムである。[2]

2）相互貸借と文献複写 相互貸借（interlibrary loan）とは，図書館間での資料の貸し借りを意味する。図書の場合には現物を貸借し，雑誌論文の場合にはその複写物をやりとりすることが多い。日本における全国レベルの相互貸借の制度・しくみとしては，国立国会図書館による「図書館間貸出」の制度や，大学図書館を中心とするNACSIS-ILLによる相互貸借のシステムがある。

前者は，「国立国会図書館資料利用規則」によって認められた図書館が，国立国会図書館の所蔵資料の現物を郵送などによって借り受けることができるサービスである。後者は，学術情報センター（National Center for Science Information Systems：NACSIS）を前身とする国立情報学研究所（National Institute of Informatics：NII）が管理・運営するコンピュータネットワークであり，これによって迅速な相互貸借の申込・受付・提供が可能になる。

なお，国立情報学研究所はわが国における代表的な書誌ユーティリティであり，NACSIS-ILLは書誌ユーティリティによる相互貸借システムの典型例である。書誌ユーティリティについては後述する。

3）分担目録作業 分担目録作業（shared cataloging）あるいは協同目録作業（cooperative cataloging）の基本的な発想は，同一の資料を複数の図書

---

1) 丸山昭二郎ほか監訳：ＡＬＡ図書館情報学事典　丸善　1988　p.199。
2) 日本図書館協会：図書館ハンドブック第5版　1990　p.395〜396。

第8章 図書館ネットワークの形成

館が受け入れた場合，ある一つの図書館が作成した目録を，他の図書館が利用することによって，目録作業の省力化を図ろうとするものである。その初期的な試みはカード目録のみが存在した時代においてもなされていたが，分担目録作業の発展の直接的な契機は，1971年に本格稼動し始めたOCLC（当時は Ohio College Library Center, 現 Online Computer Library Center）によるオンライン分担目録システムであるといえる。

このOCLCのオンライン分担目録システムは，各図書館が作成した目録データを中央のデータベースに蓄積しておき，加盟館は必要な目録データをそのデータベースから通信回線経由で複写できるというしくみである。これをコピー・カタロギングと呼ぶ。この分担目録システムは，同一の目録規則への準拠等を前提に複数館で目録作業を分担し，自館で未着手の資料に対するオリジナル目録作業をコピー目録作業化することで，大幅な省力化を可能とした。

現在，日本では多くの大学図書館等で分担目録作業を行い，洋書の目録作業にOCLCを，和書には国立情報学研究所のNACSIS-CATを利用する例が見られる。

分担目録作業によって形成されたデータベースはしばしば総合目録データベースと呼ばれる。これは，分担目録作業の結果として，どの資料をどの図書館が所有するかという情報，すなわち所在情報がデータベースに付加されるためである。この情報を用いると相互貸借への業務支援サービスが可能となる。このような分担目録作業や相互貸借支援のサービスを中核として，書誌データに関する多角的なサービスを提供する機関あるいはシステムを書誌ユーティリティ（bibliographic utility）と呼ぶ。OCLCはその代表例であり，わが国には，すでに説明した国立情報学研究所がある。国立情報学研究所では，商用データベースの検索サービスであるNACSIS-IR，オンライン分担目録サービスNACSIS-CAT，相互貸借の業務支援システムNACSIS-ILLなどを提供している。

なお，付言すれば集中目録作業（centralized cataloging）とは，国立図書館等の中央機関が行うあらゆる種類の図書館資料対象としたオリジナル目録作業

の成果に，他の図書館がアクセスし利用することで，分担目録作業とは異なることに注意する必要がある。要するに，目録データを一機関で作成するのが集中目録作業であり，複数館で作業し相互に利用しあうのが分担目録作業である。

現在，わが国では，公共図書館が主に集中目録作業によるMARCレコードを利用している。ただし，ここで利用しているのは，国立国会図書館によるJAPAN/MARCではなく，公共図書館への資料販売で実績のある（株）図書館流通センター（TRC）によるTRC/MARCである。

4) 参考調査業務　近年ではオンライン情報検索が広く普及しており，参考調査業務においては必要不可欠なツールになりつつある。また，インターネット上でさまざまな情報資源を活用することができるようになってきた。従来の参考図書に含まれる情報の一部がインターネットで利用できるようになっているし，インターネットからしか入手できないような情報も数多く存在する。インターネット上の情報の信頼性には注意が必要であるものの，いまやインターネットは参考調査業務に欠かせない存在となっている。

また，インターネットの発展に伴って，OPACをインターネット上で公開する図書館が増えている。これによって他館の所蔵資料を簡単に検索できるので，資料の利用可能性（availability）の調査や，レフェラル・サービス（類縁機関の紹介サービス）には便利である。もちろん，このためにはすでに述べた書誌ユーティリティを活用することも可能である。

なお，最近ではOPACの横断検索システムが実用化されつつある。これは複数のOPACを一度に検索するしくみである。現段階では，いくつかの図書館が集まって独自のシステムを構築し，その参加館のOPACに対しての横断検索のみが可能となっていることが多い。しかし，情報検索を目的とした，ネットワーク上のシステム間のプロトコル（接続や通信のための規約）であるZ39.50の普及によって，OPACの横断検索がより一般的に可能になるかもしれない。

5) 資料保存　一般に，ある特定の資料の利用頻度は経年的に減少していく。これは老化（obsolescence）と呼ばれることがある。利用頻度の低下した資料は，利用者がアクセスしやすい開架書庫から，集密書庫や閉架書庫に移

して保存するのが効率的である。さらに，複数の図書館で同一の資料をこのような形で重複して保存するのは貴重な書架スペースの浪費なので，分担保存して，必要があれば相互貸借を行うようにすればさらに効率的である。このような分担保存は，特に新聞や雑誌について実際に進められており，いくつかの事例がある。[1]

別の形態としては，共同の保存図書館（ディポジット・ライブラリー）を建設して，そこに利用頻度の低下した資料や破損しやすい貴重な資料を集中して保管することが考えられる。なお，わが国における最終的な保存図書館としての機能は国立国会図書館が担っており，この点でも，国立国会図書館を中心とするネットワークは重要である。

（2）ネットワークの地理的な範囲

図書館ネットワークの地理的な範囲あるいは空間的な広がりにはいくつかのレベルがある。まず，単一の図書館内でのネットワークと複数の図書館間でのネットワークとの区別がある。通常，「図書館ネットワーク」といえば，後者の複数の図書館間でのネットワークを指す。しかし，図書館業務の機械化が幅広く普及しつつある現在，図書館内でのネットワークも無視できない存在となっている。

1）図書館内でのネットワーク　　現在の図書館にはさまざまなコンピュータが設置されている。まず，業務用のコンピュータがいくつかある。さらに，利用者向けのコンピュータとしては，① OPACの検索端末，② CD-ROM検索用端末，③ インターネット用の端末などがある。このため，図書館内には，複雑なネットワークが張られることになり，そのための配線や機器を置くためのスペースの確保が重要である。

2）同一組織内での図書館間ネットワーク　　公共図書館では，その市区町村内に複数の図書館が設置され，それらが組織的・機能的にネットワーク化されていることが多い。このような場合には，一つの図書館を本館（あるいは

---

1) 安江明夫ほか編：図書館と資料保存　雄松堂書店　1995　p.298〜318。

中央館），他を分館として位置づけた，階層的な組織化が行われる。このような組織は通常，図書館システムと呼ばれることが多いが，機能的には，一つの図書館ネットワークとしてとらえることが可能である。

たとえば，利用者の居住地に近い場所にある分館では望みの資料が手に入らない場合，図書館ネットワークを利用して，本館などから資料を取り寄せることができる。一般に公共図書館は，「都道府県立図書館―市町村立図書館の本館―分館」のように階層的に構造化されており，下位のレベルの図書館で資料が手に入らない場合は，その要求が上位のレベルの図書館へと順に送られていくしくみになっている。わが国の場合には，その最上位に国立国会図書館が位置しており，すでに述べた図書館間貸出制度による蔵書の相互貸借を実施している。

公共図書館は，大学図書館や専門図書館とは異なり，非常に幅広い地理的な範囲をカバーしなければならないので，このような自治体内の図書館ネットワークが非常に重要である。わが国において，分館がそれほど充実していなかった時代には，多くの市区町村で移動図書館（あるいは自動車図書館，bookmobile）が活躍した。住民の利便性を考えれば，分館や移動図書館などアクセス・ポイントをなるべく数多く設置し，さらに，できるだけ短い時間で望みの資料を入手できるように，ネットワークを充実させることが望ましいとされた。

大学図書館に関しては，その大学が複数のキャンパスに分かれている場合には，それぞれのキャンパスごとに図書館が設置されるのが通例である。そして，その中の一つを中央館とするネットワークが構成される。さらに，同一キャンパス内であっても，学部や学科ごとに，複数の図書館が設置されることもある。

3） 地域的なネットワーク　公共図書館においては，ある地域に属するいくつかの自治体が相互的な協力体制を構築することがある。これを，広域図書館網と呼ぶことがある。また，ある地域内で，種類の異なる図書館が協力体制をつくりあげる場合もある。

4） 全国的なネットワーク　日本における代表的な全国レベルの図書館ネットワークとしては，既述の，国立国会図書館の図書館間貸出制度や国立情

報学研究所によるネットワークがある。その他，ファーミントン・プランや外国雑誌収集のための拠点校制度等も全国レベルのネットワークの例といえる。

5) 国際的なネットワーク　OCLCなどの書誌ユーティリティには，日本などの外国からも接続が可能であり，また実際にかなり利用されていることから，国際的なネットワークとして位置づけることが可能である。

相互貸借に関しては，英国図書館文献提供センター（British Library Document Supply Center：BLDSC）による国際的な文献複写サービスが有名である。特に，依頼から複写物の到着までの時間が短いことで定評があり，わが国からもかなりの利用がある（現在では，NACSIS-ILL 経由で BLDSC に複写を依頼できる）。さらに，さまざまな図書館が外国の関連機関と提携して行っている国際的な出版物の交換も，一種の国際的な図書館ネットワークとしてとらえることができる。

（3）主題や館種の範囲

専門図書館の世界における，日本薬学図書館協議会や音楽図書館協議会などの加盟館の間で行われている相互協力は，主題的に限定された図書館ネットワークの例である。わが国にはこのほか，日本医学図書館協会，日本農学図書館協議会，法律図書館連絡協議会などがあり，一種のネットワーク活動を行っている。

一方，館種別組織としては，全国公共図書館協議会，国立大学図書館協会，公立大学協会図書館協議会，私立大学図書館協議会，私立短期大学図書館協議会，全国専門学校図書館協議会，専門図書館協議会などがあり，やはりネットワーク的な相互協力機能を果たしている。

（4）ネットワークの位相的関係

形式的には，ネットワークはノード（node）とそれらの間のリンク（link）から構成されるものと考えることができる。このノードとリンクの位相的な（トポロジカルな）関係としては，次のようなものを考えることが多い（**8-2**

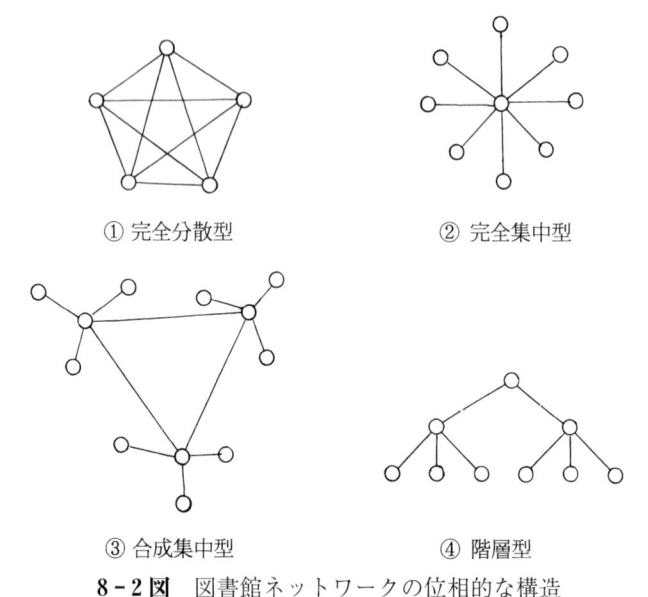

① 完全分散型　　　　② 完全集中型

③ 合成集中型　　　　④ 階層型

8-2図　図書館ネットワークの位相的な構造

図）。[1]

① 完全分散型
② 完全集中型
③ 合成集中型
④ 階層型

　たとえば，OCLCやNIIのシステムは②の完全集中型に相当する。このタイプではセンターに負荷がかかるが，構造的に単純で管理しやすい。それに対して，①の完全分散型では，負荷が分散されるものの，ノードの数が増えると，それらの間のリンクの数が飛躍的に増え，ノード間の関係は非常に複雑になる。これらの中間的な性質をもつものが③の合成集中型である。また，すでに述べた「都道府県立図書館―市町村立図書館の本館―分館」のシステムは④の階層型に相当する。本章の1.(1)で述べたように，このうち，①完全分散型は相互

---

1)　戸田光昭：情報ネットワーク論（講座情報と図書館6）雄山閣出版　1985　p. 21〜23。

協力型であり，②や④は狭義のネットワーク型といえよう。

（5）コンピュータネットワークの利用

　図書館ネットワークによっては，コンピュータ間を直接的に連結する通信ネットワークが介在しないこともある。たとえば，相互貸借を行う場合に，冊子体での総合目録によって所蔵館を確認し，相互貸借の申込み用の書類を郵送して，資料を何らかの物流サービスを介して受け取るようなときには，コンピュータネットワークが介在しない。それに対して，同じ相互貸借の場合でも，NACSIS-ILLサービスを利用した場合には，所蔵館の確認から申込み・受付などの処理に関してはコンピュータネットワークが介在することになる。一般的には，コンピュータネットワークを利用した方が，通信に必要な時間が少なくてすみ，業務の効率が向上する。

　コンピュータを利用する場合でも，通信ネットワークが介在しないこともある。たとえば，ある地域的な総合目録がCD-ROMによって頒布される場合，相互貸借のための所蔵館の確認には，そのCD-ROMをコンピュータで検索することが必要になるが，通常CD-ROMは郵送などで届けられるので，この点では通信ネットワークは介在しない。

　それぞれの図書館の置かれているコンピュータ環境や情報通信インフラ環境で，そのネットワークのあり方が異なる。

3．図書館ネットワークの運営と評価

（1）図書館ネットワークの運営上の問題点

　図書館ネットワークを実際に運営する上で，次のような問題が生じる可能性がある。

　①　コンピュータに関する技術的な問題
　②　標準化に関する問題

③ 経済的な問題
④ 人的資源の問題
⑤ 法律や制度的な問題

1) コンピュータに関する技術的問題　インターネット技術の普及・向上によって，異機種のコンピュータ間の接続がかなり容易になった。現在では，TCP／IPと呼ばれるインターネット用の一群のプロトコルがネットワークの標準的な基礎となっていて，インターネットの登場以前と比較すれば，ネットワーク技術は格段に向上している。

しかし，もちろん未解決の問題も数多い。たとえば，通信速度・容量は飛躍的に進歩したとはいえ，画像などの大規模なデータの送受信にはさらなる改善が必要である。また，図書館にとっては文字コードの問題なども重要である。

2) 標準化に関する問題　図書館間で何らかのデータをやりとりするにはさまざまな標準化が必要である。たとえば，二つの図書館で目録規則が全く異なっていれば，目録データの相互利用は不可能であり，目録規則の標準化が必要となる。書誌ユーティリティの発展によってこのような標準化が促進されるということもあるが，より一層の標準化の促進が図書館ネットワークの発展には必要である。

3) 経済的な問題　以前に比べれば安価になったとはいえ，コンピュータやそのソフトウェア，あるいはメンテナンスに要する費用は依然として高額であり，小規模な図書館では十分に対応できない場合がある。最近では，図書館のコンピュータはそのまま買い取るのではなく，リースあるいはレンタルで入手するのが一般的であり，アウトソーシングする場合もある。これは一つには，コンピュータの発達が非常に急速なため，買い取っても，すぐにそれが時代遅れの古い機種になってしまうという事情がある。このようなことも考え合わせ，長期的な視野に立って，コンピュータ・ネットワークの経済的な利用を考える必要がある。

4) 人的な資源の問題　一般に，図書館にコンピュータを導入する場合，図書館員側にそれほど高度なコンピュータの知識が必要とされるわけではな

い。実際には，コンピュータのメーカーあるいはソフトウェア会社から派遣されるシステム・エンジニア（system engineer：SE）がコンピュータの保守・管理を行うのが通常である。しかし，ごく日常的なコンピュータの操作・管理や，コンピュータ導入にあたっての仕様書の作成，あるいはSEとの交渉において，図書館員側にもある程度のコンピュータの知識が必要となっている。したがって，図書館に関する知識とコンピュータの知識とを併せもった人材の確保が重要になる。

5） 法律や制度的な問題 たとえば，異なる自治体間での相互協力や，公共図書館と大学図書館との間の相互協力は，それぞれの図書館が依拠する法律や規則，制度によって制約を受ける。このため，相互協力や図書館ネットワークを運営するにあたっては，通常，協定や規約あるいは実施要項などを作成し，法的あるいは制度的な境界や条件を明確にしておく。さらに，ネットワーク上の情報資源の著作権の問題にも注意しなければならない。

以上掲げた問題点の他に，コンピュータやディスプレイの身体への影響など，いわゆる「OA化」に伴う一般的な諸問題にも留意する必要がある。

（2）図書館ネットワークの評価

図書館の評価全般に関しては，第9章で詳しく述べるので，ここでは記述しないが，図書館ネットワークにおいても，常に，効果と効率の両側面から，その現状把握あるいは評価を試み，その改善に努めていくことが重要である。

特に，図書館ネットワークの場合には，その質や効果の他にも，時間や経費の側面からの評価が重要になることが多い。たとえば，相互貸借のシステムによって，どの程度，業務に必要な時間が短縮されたのか，あるいは分担目録作業によって，目録1件あたりの作成費用がどの程度節約されるのか，などに留意することは重要である。

4. 類縁機関とのネットワーク

　何度か述べているように,情報量の増大などの背景から,一つの図書館が単独でその利用者の要求のすべてを満たすことが難しい状況になっている。そこで,ここまで説明してきたような,図書館ネットワークを通じて,他の図書館と連携を図っていくことが,今後ますます重要になると考えられる。

　しかし,情報資源(Information Resources)の提供をしている機関は図書館だけではない。たとえば,美術館,博物館,文書館なども重要な情報資源を保持し,一般向けあるいは専門家向けに提供する機関である。したがって,美術館,博物館,文書館などのような類縁機関にまでネットワークを広げることによって,より多くの利用者の要求に応えることが可能となる。

(1) 博物館・美術館

　一般に博物館といわれているものには,人文系では,文学館,歴史博物館,考古博物館,民俗(族)博物館,美術館,宝物館,自然系では,自然科学博物館,自然史博物館,理工学博物館(科学館または理工学館),動物園,水族館,植物園,鉱物園,さらには,それらを総合する総合博物館や,郷土館などがある。[1]

　一般的には,博物館(museum)は,古代ギリシャにおけるいわゆるムセイオンにその起源をもつといわれているが,わが国において,その一つの根拠となっているのは「博物館法」(昭和26年12月1日施行)である。この法律の第2条では,「博物館とは,歴史,芸術,民俗,産業,自然科学などに関する資料を収集し,保管(育成を含む)し,展示して教育的配慮の下に一般公衆の利用に供し,その教養,調査研究,レクリエーションなどに資するために必要な事業をおこない,あわせてこれらの資料に関する調査研究をすることを目的とする機関……」と規定されている。もちろん,「図書館とは何か」という議論があるのと同様に,「博物館とは何か」に関してもいくつかの意見があるが,この

---

1)　加藤有次・博物館学総論　雄山閣出版　1996　p.91.

規定を一応，博物館の定義として考えることができる。

　博物館を具体的に特徴づけるのは，この規定における「資料」が主として文字という人工的記号によって情報を記録していない「もの」であるという点である。たとえば，石器や土器，標本，絵画，彫刻などを情報資源として保管し，展示することが博物館の主たる機能であり，そこに出版物あるいは印刷媒体を主体とする図書館との相違がある。もちろん，博物館においても出版物や印刷媒体は扱われるし，逆に，図書館においても博物館的な資料を収集・保存・展示することもあるが，どちらに比重を置くかという点では，博物館と図書館には明確な相違がある。

　もう一つの特徴は，図書館の「資料」は「コピー（複製物）」が中心であるが，博物館や文書館の「資料」は「オリジナル」であるという点である。このコピーとオリジナルの相違が図書館と博物館や文書館での情報サービスの相違のもととなる。

（2）文　書　館

　「文書館」という用語は，英語の archives という概念に対応しているが，実は，この archives には二つの意味がある。一つは，「個人や組織がその活動のために生成した記録群（records）のうち，何らかの理由で永続的に保存されるもの」であり，もう一つは，そのような archives を保存・提供する機関を指す。いうまでもなく，日本語の「文書館」は後者に対応し，時には「公文書館」，「史料館」などと呼ばれることもある。[1] このような「文書館」を理解するには，第一番目の意味としての archives を知る必要がある。

　たとえば，企業においては，稟議書，企画書，報告書などのような，いわゆる文書類（あるいは記録類）が日々作成される。このような文書の多くはある年限が経てば廃棄される。しかし，法的な理由などにより長期間保存する必要のあるものや，社史などの編纂に必要であると認められたような歴史的な価値の

---

1) 詳しくは，次の文献を参照。安藤正人・青山英幸編著：記録史料の管理と文書館　北海道大学図書刊行会　1996．

あるものは，記録史料(archives)として残されることになる。このような記録史料を保存・提供する機関が文書館やビジネス・アーカイブズであり，広義に解釈すれば，記録管理におけるレコード・センターもその一部に含まれる。

　わが国においても，1987年に公文書館法が制定され，多くの都道府県や市町村で文書館・公文書館が建設されるに至っている。このような文書館には，江戸時代や明治時代などの歴史的に貴重な記録史料も保存されており，歴史的な研究にとっては欠かせない存在となっている。一部の図書館においても，このような記録史料が郷土史料として収集・保存されている場合もあるが，明治期以降や特に現代の行政資料類（情報公開の対象となる）は公文書館法による文書館の守備範囲である。

第9章　図書館業務・サービスの評価

1. 評価の目的と対象

　図書館は貸出しや参考調査などの多種多様なサービスを提供しており，そのために数多くの業務を行っている。しかし，その経営資源である資金，人，情報資源には限りがあり，その限られた範囲内で，効率的かつ効果的に業務を遂行し，よりよいサービスを実践していかなければならない。そのためには，業務・サービスの計画を策定し，計画の実行結果としての業務・サービスの現状を把握するとともに，その計画がどの程度成功したかを評価することが重要である。

　このような現状の把握や評価は，図書館全体あるいは図書館の個々の業務・サービスを一つのシステムとしてとらえた場合，システムの出力（output，産出ともいう）結果をフィードバック（feedback）することでも明らかにすることができる（**9-1図**参照）。

　たとえば，ある図書館において，心理学関連の図書の貸出が非常に多く，心理学の図書が日ごろ書架にあまり多く残っていないといった状況があったとする。この場合のシステムへの入力（input，投入ともいう）は心理学関連の図書の購入と排架であり，出力はその図書の閲覧と貸出しである。非常に頻繁に貸し出されているという状況が把握され，それが一定の限度を超えていると評価されれば，その情報がフィードバックされ，心理学関連の図書の購入を増やすなどの処置が施されることになる。**9-1図**に示したモデルは，貸出しのほかにも，図書館のさまざまなサービス・業務に適用可能である。

　多くの図書館は非営利組織であり，一般の企業における売上高や経常利益のような，業績評価のための単一かつ決定的な尺度はない。このため，システム

としての出力の評価があいまいになりがちで，その正確な評価が難しく，軽視されることもしばしばある。しかし，図書館経営にとって，その業務やサービスを改善し，図書館としての存在価値を維持・向上させていくためにはフィードバックとしての評価が不可欠である。

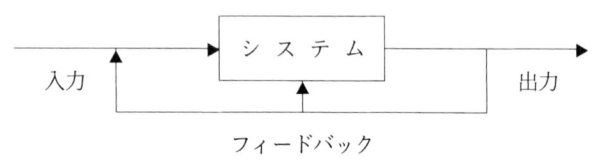

9-1図　システムにおける出力からのフィードバック

　図書館にはさまざまな種類や規模のものがあるだけでなく，同一館種・規模であっても，その置かれた状況・位置によって，果たすべき役割や機能が少しずつ異なる可能性がある。このような条件の下に，図書館が十分なサービスを提供していくには，各館がその使命や目的・目標を明確にし，その達成度を客観的に評価することによって，その業務・サービスを絶えず改善していくことが重要である。

2. 評価の方法

(1) 目的と目標，達成目標

　評価にあたっては，まず，その業務やサービスの目的・目標を明確にする必要がある。目的・目標は**9-2図**に示したような階層構造をもっている。公共図書館ならば，最上位の目的として，図書館法第2条「……図書，記録その他必要な資料を収集し，整理し，保存して，一般公衆の利用に供し，その教養，調査研究，レクリエーション等に資することを目的とする……」が存在する。最上位の目的は使命(mission)と呼ばれることがある。そして，その使命の下に，各館の個別的な目的があり，さらにその下に個々の業務やサービスの目的・目標がある。各目的・目標はその上位の目的・目標によって制限され，上位の

目的・目標に抵触するような下位の目的・目標を設定することはできない。

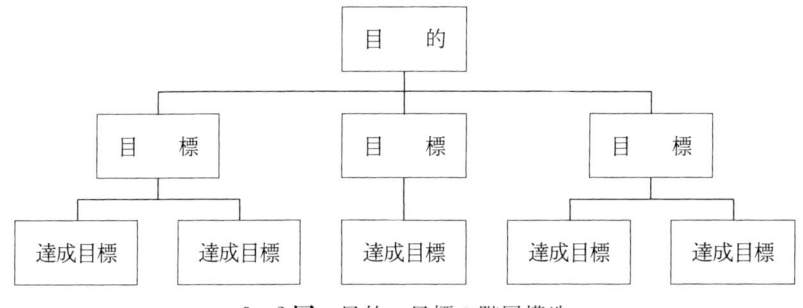

```
                    ┌─────────┐
                    │  目  的  │
                    └────┬────┘
         ┌───────────────┼───────────────┐
    ┌────┴────┐     ┌────┴────┐     ┌────┴────┐
    │ 目  標  │     │ 目  標  │     │ 目  標  │
    └────┬────┘     └────┬────┘     └────┬────┘
     ┌───┴───┐       ┌───┴───┐       ┌───┴───┐
  ┌──┴──┐ ┌──┴──┐ ┌──┴──┐ ┌──┴──┐ ┌──┴──┐
  │達成目標│ │達成目標│ │達成目標│ │達成目標│ │達成目標│
  └─────┘ └─────┘ └─────┘ └─────┘ └─────┘
```

9-2図 目的・目標の階層構造

これらの目的・目標が評価の拠り所の一つとなる。すなわち「経営計画に示された目的・目標がどの程度達成されたか」を評価の基準とすることができる。このため特に，目的・目標を達成するためのより具体的な達成目標を設定する場合がある（**9-2図**参照）。たとえば「住民1人あたりの貸出延べ冊数を3冊にする」「1日当たり20冊分の目録記入を作成する」などがその例であり，このような達成目標を合理的に設定できれば，その評価作業は比較的容易となる。

（2） 効果と効率，パフォーマンス

目的・目標あるいは達成目標が実際に達成された程度は評価のための基本的な尺度(measure)であり，特に効果(effectiveness)と呼ばれる。しかし効果を評価するだけでは不十分である。たとえば，ある目標を達成するために費用をいくらかけてもよいというわけではなく，ある目標を同じ程度に達成できる二つの方法があった場合には，必要な費用や労力，時間の程度の少ない方が優れていると評価できる。この程度は効率（efficiency）と呼ばれる。すなわち，

　　効果（effectiveness）：目的や目標が達成された程度
　　効率（efficiency）：目的や目標の達成に要した資源の量

の二つの側面からの評価が可能である。どちらを重視するかはその状況に依存する。なお，効果や効率を総称して，パフォーマンス（performance）と呼ぶことがある。

効率を測る尺度として費用に着目した場合，費用対効果（cost-effectiveness）という概念が導かれる。これは，ある二つの代替案AとBがあったときに，その効果だけではなく，費用をも含めて判断するという考え方である。たとえば，目録作成の方法としてAとBの二つの方法があり，方法Aでは一日に50件の目録を5,000円で作成できるのに対して，方法Bでは一日に30件までしか作成できないが，費用は1,500円ですむとする。一日の処理の絶対量では方法Aが優れているが，費用対効果の観点では，方法Aは1件あたり100円，方法Bは50円で，方法Bが優っている。もちろん，1件あたり50円程度の差ならば，一日に50件作成できる方を選ぶという考え方もできる。

なお，類似の概念として，費用対便益（cost-benefit）がある。この場合には，利用者に対するサービスの適切さや望ましさなどに重点が置かれている。

（3）評価の手順

実際の業務評価のための調査手順は**9-3図**のようになる。まず，評価自体の目的をしっかり決めておくことが重要である。つまり，何に関して評価を試みるのか，評価の結果をどのように役立てるのか，などを明らかにしておく必要がある。そうでなければ，評価のための調査・分析が進むうちに，いったい何を，何の目的で評価しているのかがわからなくなるということになりかねない。

次に，その目的に沿って全体の計画を策定する。具体的には，①調査項目，②調査方法，③調査日程，④分析方法などを決める。さらには，⑤調査費用の見積りも重要である。

調査項目は，評価の対象・事項を具体化したものであり，評価の目的に密接に関連している。上記の例では「住民1人あたりの貸出延べ冊数」や「一日に作成される目録記入の数」となる。調査項目の数が多くなりすぎると，調査・分析の作業量が増えるばかりか，最終的な評価結果の視点がぼやける可能性もある。評価計画の目的に照らして，慎重な選択が必要である。

調査方法としては，図書館の場合，

第9章 図書館業務・サービスの評価

```
┌─────────────────────────────┐
│ 1．評価の目的・目標の設定・明確化 │
└─────────────────────────────┘
              ↓
┌─────────────────────────────┐
│ 2．評価計画の策定              │
│   (1) 調査項目                │
│   (2) 調査方法                │
│   (3) 調査日程                │
│   (4) 分析方法                │
│   (5) 調査費用                │
└─────────────────────────────┘
              ↓
┌─────────────────────────────┐
│ 3．予備的な調査・テスト         │
└─────────────────────────────┘
              ↓
┌─────────────────────────────┐
│ 4．実際の調査（実査）           │
└─────────────────────────────┘
              ↓
┌─────────────────────────────┐
│ 5．データの集計・分析           │
│   (1) 評価の基準との比較        │
│   (2) 統計学的な分析           │
└─────────────────────────────┘
              ↓
┌─────────────────────────────┐
│ 6．事後調査・分析              │
└─────────────────────────────┘
              ↓
┌─────────────────────────────┐
│ 7．報告書の作成                │
└─────────────────────────────┘
```

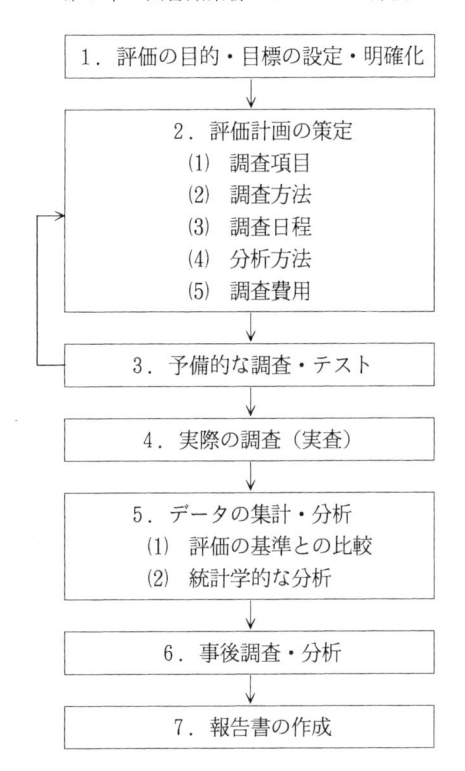

9-3図 図書館の業務・サービスの評価の手順

① 業務データを集計する方法
② アンケート調査などを実施する方法

の2種類がある。たとえば，「住民1人あたりの貸出延べ冊数」ならば，図書館の日々の業務から生成される貸出データを集計することになる。日常的な業務記録から集計された統計を業務統計と呼ぶ。一方，たとえば「住民の何割が図書館サービスに満足しているか」を調査する場合には，アンケート調査を実施する必要がある。この結果作成される統計は調査統計と呼ばれる。

業務統計の場合にはデータ収集に余分な経費がそれほどかからないのに比べて，調査統計の場合には，データ収集のためのアンケート調査に特別な経費が必要となる。また，アンケート調査の実施・分析には統計学の専門的な知識が

必要になることから，専門機関に委託する場合も多い。調査統計からは業務統計では知ることのできない貴重な分析結果を得ることができる反面，費用などの点ではその実施はより困難である。

評価計画が固まったならば，実際の調査（実査）を行う前に，予備的な調査を試みることが望ましい（**9-3図**参照）。たとえば，来館者にアンケート調査を行う場合，本調査に先立って，少数の被験者に予備的に回答してもらうと，調査票の欠陥や不備が明らかになることが多い。この予備的な調査の結果，評価計画を見直す必要が出てくる可能性もある。

予備的な調査を経て，計画が完全に確定したならば，本調査を実施する。そして，その結果を集計・分析し，最終的に，評価結果を報告書としてまとめる。集計・分析の方法や評価基準に関しては以下で述べる。なお，**9-3図**で示されているように，最終的な結果を出す前に，何らかの事後的な調査・分析が必要となることもある。

（4）評価の基準やガイドライン

9-3図中の，5.の(1)「評価の基準との比較」に関しては，いくつかの方法がある。たとえば，

① 業務・サービスの具体的な達成目標と比較する
② 異なる業務・サービス間で比較する
③ 規模や性質が類似した他の図書館と比較する
④ IFLA（国際図書館連盟），ISO（国際標準化機構），図書館関係団体などによる外的な基準と比較する

などがある。

すでに述べたように，具体的な達成目標が設定できれば，それとの比較によって業務・サービスの効果を測定できる（上記①）。さらに，上で例示したように，二つの異なる代替案のどちらかを選択するような場合には，それらを効果や効率の点から比較評価すればよい（上記②）。また，『日本の図書館』や『日本図書館年鑑』（共に日本図書館協会発行）には，公共図書館や大学図書館

の各種統計が掲載されているので，このような資料を用いれば，規模や性格の類似した他館との比較による自館の評価が可能になる（上記③）。

さらに，IFLAやISOなどの団体や組織が設定している基準（巻末［**資料6**］(p.177)）あるいはガイドラインに照らし合わせて評価する方法がある（上記④）。たとえば，IFLAによる『公共図書館のガイドライン』[1]では，都市部の主要図書館の開館時間は週60時間，蔵書冊数は住民あたり3冊，年間増加冊数は人口千人あたり300冊といった，さまざまな基準が設定されている。わが国におけるいくつかの基準は『図書館法規基準総覧』[2]にまとめられている。ただし，全国的・国際的な基準を個別の図書館に一概に適用するのは難しい面があり，注意を要する。

（5）記述統計と推測統計

評価のために収集したデータは，経営計画に示された達成目標や各種の基準と単に比較するだけでなく，さまざまな角度から探索的・発見的に分析することが可能である。そのためには各種の統計学的な方法を応用することが考えられるが，まずその第一歩として，分布（distribution）に関する図や表を作成して，眺めてみることが重要である。**9-1表，9-4図，9-5図**にその例を示す。

9-1表 主題分野別での貸出延べ冊数（例）

主題分野	貸出延べ冊数	％
医　　　学	947	35.9
物　理　学	490	18.6
化　　　学	344	13.0
数　　　学	302	11.4
生　物　学	238	9.0
そ　の　他	320	12.1
合　　　計	2,641	100.0

---

1) 森耕一訳：公共図書館のガイドライン　日本図書館協会　1987　p.86。
2) 日本図書館協会編：図書館法規基準総覧　日本図書館協会　1992　p.1578。

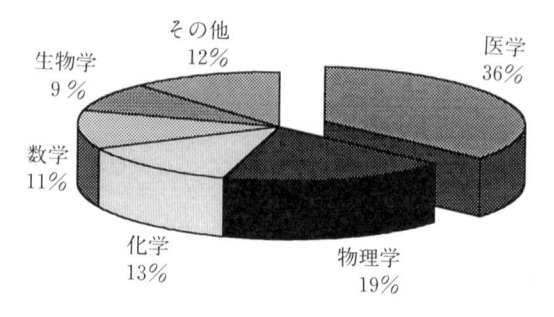

9-4図 主題分野別での貸出延べ冊数（例）

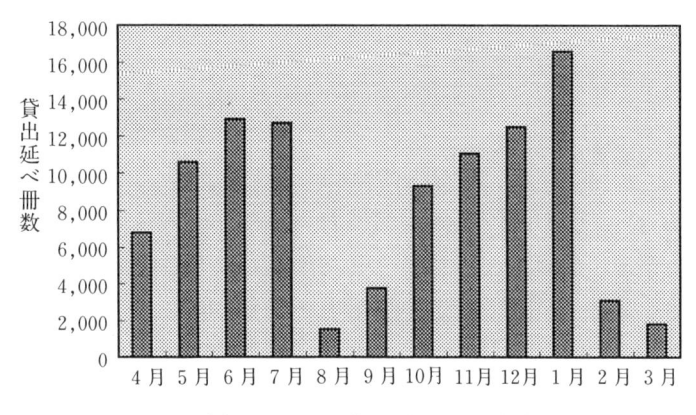

9-5図 月別での貸出延べ冊数（例）

　9-1表は貸出延べ冊数を分野別に集計したものであり，**9-4図**はそれを円グラフで表示したものである。**9-5図**は貸出延べ冊数を月別に集計して，グラフ化したものである。このような表やグラフから何らかの規則的な傾向を読み取ることができるかもしれない。

　場合によっては，平均値や中央値（メジアン）のような統計量を計算した方が便利なこともある。さらには，相関分析や回帰分析のようなより高度な統計分析に進むこともできる。

　母集団の全部を調査できないときにその一部だけを抜き取って調べることを標本調査という。たとえば，住民全体にアンケート調査を実施することが不可能なとき，その一部に限定して調査する場合がその典型である。標本調査の場

合には，標本抽出に伴う誤差（sampling error）の大きさを評価するために，推定・検定などの推測統計学の理論・手法を適用することが必要になる。業務統計の分析において，その業務の範囲内での全数調査とすることが可能ならば，推定・検定を伴わない記述統計で十分であろうが，住民に対するアンケート調査においては，多くの場合，標本抽出による誤差の推定が必要になる。この場合には，統計学の専門家の支援を受けることが望ましい。

（6）質的な評価

数量的な尺度や指標を用いる以外に，利用者や専門家，あるいは職員の意見に基づいて評価を行うこともできる。これは主に業務やサービスの質的な評価を行う時に用いられる。よく使われる方法は，来館者アンケートの中に「ご意見がございましたらご自由にお書きください」のような，自由回答形式の質問項目を設定することである。これによって，調査票で設定された調査項目の枠にとらわれない意見をきくことができる。

3. 評価のための統計と指標

（1）業務統計の種類

代表的な業務統計を **9-2表** に掲げる。9-2表では，業務統計を，(1)資料に関するもの，(2)サービスに関するもの，(3)資源に関するものに分け，それぞれ代表的な統計を列挙してある。このうち，状況によっては，入館者数や電子複写枚数は正確に計数することが不可能な場合もある。逆に，図書館によっては，9-2表に掲げた統計の他に，閉架書庫からの貸出件数や雑誌の貸出回数などの統計を集計できることもある。

9-2表に示された業務統計のいくつかはさらに主題分野別や利用者別などで集計できることがある。たとえば，主題分野別の蔵書冊数，利用者のタイプ別の登録者数などである。より詳細な分析を可能とし，経営情報としての価値

を高めるには, このような二次的な集計が重要である。

いずれにせよ, 慣行にとらわれず, 幅広く業務統計を集め, これを分析・加工して有効な経営情報として活用する必要がある。

9-2表 代表的な業務統計

種　別	業　務　統　計
資　料	蔵書冊数 年間受入冊数 年間除籍冊数 雑誌購入種数
サービス	開館日数 入館者数 登録者数 貸出冊数(個人または団体向け) 相互貸借の貸出冊数・借入冊数・文献複写受付件数・文献複写依頼件数 電子複写枚数 参考調査業務の受付件数・回答件数
資　源	専任職員数・非専任職員数 経常的経費・人件費・資料費・図書購入費・製本費

(2) 主要な評価指標

9-2表に掲げた業務統計を使って評価を行うための代表的な指標を9-3表に示す。評価指標は投入に関する指標と産出に関する指標とに分けてある。具体的な計画方法は以下のとおりである。

$$蔵書新鮮度 = \frac{受入冊数（または購入冊数）}{蔵書冊数}$$

$$貸出密度 = \frac{貸出延べ冊数}{定住人口}$$

$$実質貸出密度 = \frac{貸出延べ冊数}{登録者数}$$

$$蔵書回転率 = \frac{貸出延べ冊数}{蔵書冊数}$$

---

1) 森耕一編：図書館サービスの測定と評価　日本図書館協会　1985.

第9章　図書館業務・サービスの評価

9-3表　投入と産出に関する主な指標

(a) 投入に関する指標

指　　標	例（港区, 1994年）
人口あたり蔵書冊数（蔵書密度）	2.7冊
人口1,000人あたり受入冊数	301.3冊
人口あたり経常費（決算）	3,841.8円
蔵書新鮮度[1]（下記の注を参照）	0.112

注：蔵書新鮮度＝受入冊数／蔵書冊数

(b) 産出に関する指標

指　　標	例（港区, 1994年）
登録率（登録者数／人口）	38.1%
人口あたり貸出冊数（貸出密度）	7.3冊
登録者あたり貸出冊数（実質貸出密度）	19.1冊
蔵書あたり貸出冊数（蔵書回転率）	2.7回

　蔵書新鮮度は，その名の示すとおり，蔵書がどれだけ更新されているかを測る指標である。ある一時点での蔵書をストック（stock）としてとらえれば，1年間の受入冊数はフロー（flow）を示す数量ということになり，蔵書新鮮度はストックに対するフローの大きさの比率ともいえる。

　一方，貸出密度は，貸出延べ冊数をその人口で補正したものであり，これによって人口規模の異なる図書館間での貸出サービスの数量的な比較が可能になる。しかし，一般に公共図書館においては，登録を行った人に対してのみ，館外貸出が可能であるから，分母を人口ではなく登録者数とする場合がある。これが実質貸出密度である。容易にわかるように，

$$貸出密度 = 実質貸出密度 \times 登録率$$

であり，つまり，貸出密度は，実質貸出密度と登録者の多さとの二つの要因が掛け合わされたものと考えることができる。したがって，A市よりもB市の方の貸出密度が大きい場合，その差が実質貸出密度における差であるのか，それとも登録率に起因する差であるのかについての分析に進むことができる。

　蔵書回転率は，貸出延べ冊数を，人口ではなく蔵書規模で補正した指標である。この蔵書回転率は，さらにその蔵書を主題分野ごとに分けて，それぞれに対して算出すると，蔵書の分野別の構成を評価するのに用いることができる。

また，貸出サービスについては，『出版年鑑』などから図書の平均価格を調べれば，

$$貸出サービス指数 = \frac{図書1冊あたりの平均価格 \times 貸出延べ冊数}{図書館の経常費} \times 100$$

のような指標も計算できる。この分子は，貸し出された図書をすべて利用者が購入したと仮定した場合の金額であり，貸出サービス指数は，それを投入の尺度である経常費で割ったものである。したがって，分子の金額によって利用者の便益が近似的に測定されていると仮定すれば，この指標は，貸出サービスの費用対便益を近似的に測るものと考えることもできる。もちろん，この仮定の正当性の問題と，平均価格を用いることの妥当性の問題が残る（本来ならば，貸し出された図書に限定した平均価格を用いるべきであるし，物価の上昇の問題もある）。

その他，**9-2表**の業務統計からは，

・来館者あたりの経費
・人口（あるいは蔵書）あたりの相互貸借件数
・相互貸借における借受件数に対する貸出件数の比
・回答することのできた参考調査質問の割合

などのような指標を算出することができる。また，相互貸借に要した日数を集計すれば，利用者にとって相互貸借により資料が利用可能となる速さを評価することも可能である。

（3）図書館評価のための国際的な標準規格

図書館の評価指標に関する国際的な標準規格としてISO 11620がある。この規格で規定されている主な指標を**9-4表**に示す（詳細は巻末[**資料6**]（p. 177）を参照）。この表中で，「タイトル」は，ある一冊の図書やある一冊の雑誌などの「ある一点の資料」を意味する。

この標準規格は，主として米国における公共図書館に関する評価の研究成果を基本にしており，今後，国際的に普及する可能性もある。

第9章　図書館業務・サービスの評価

9-4表　ISO 11620で規定されている主な指標

サービス，活動，あるいはその他測定されるもの	指　　標
（a）利用者の意識	
（a-1）全般	利用者の満足度
（b）利用者サービス業務	
（b-1）全般	サービス対象者の利用率，利用者当たり費用，人口当たり来館回数，来館当たり費用
（b-2）資料の提供	タイトル利用可能性，要求タイトル利用可能性，要求タイトルの所蔵率，要求タイトル一定期間内利用可能性，人口当たり館内利用数，資料利用率
（b-3）資料の出納	閉架書庫からの資料出納所要時間（中央値），開架からの資料探索所要時間（中央値）
（b-4）資料の貸出	蔵書回転率，人口当たり貸出数（貸出密度），人口当たり貸出中資料数，貸出当たり費用，職員当たり貸出数
（b-5）他の図書館からの資料提供	図書館間貸出のスピード
（b-6）レファレンスサービス	レファレンス正答率
（b-7）情報検索	タイトル目録探索成功率，主題目録探索成功率
（b-8）設備	設備の利用可能性，設備利用率，座席占有率，コンピュータシステムの利用可能性
（c）整理業務	
（c-1）資料の受入	受入所要時間（中央値）
（c-2）資料の整理	整理所要時間（中央値）
（c-3）目録業務	タイトル当たりの目録費用

（4）評価のための特別な調査

9-4表には「利用者の満足度」などの業務統計としては得られないデータから算出する指標がいくつか含まれている。このような評価指標を計算するには，次のような調査が必要になる。

　① 業務記録に若干の項目を付加する程度の調査
　② 利用者の協力を必要とせずに，職員が図書館内で実施可能な調査

③　利用者の協力を得て，図書館内で実施する調査
　④　図書館外の外的な事象や要因を対象とする調査

　上記①の例は，**9 - 4 表**における「閉架書庫からの資料出納所要時間」である。利用者の申込書に所要時間を書き込むようにしておけば，それを集計することによってこの指標を算出できる。上記②については，**9 - 4 表**の「タイトル利用可能性」や「座席占有率」などが挙げられる。前者に関しては，何らかの文献リストを用意して実際に図書館員がOPACを検索してみればよいし，後者に関しては，図書館員が観察によって占有されている座席を計数すればよい。

　一方，上記③については，「利用者満足度」が挙げられる。この場合には，図書館内で何らかのアンケート調査を実施することが必要になる。このような調査は来館者調査と呼ばれる。さらに，調査対象を図書館に来ない人にまで広げようとすれば，公共図書館の場合にはそれは住民調査となる（上記④に相当）。住民調査の場合には，郵送の作業が必要であるし，また一般に標本調査となるので，それに伴う標本抽出や分析の作業が加わることになるが，図書館に実際に足を運ばない人々の意見や考え方を知ることができる。

　来館者調査や住民調査には，調査票の設計が重要である。典型例を**9 - 6 図**に示す。

図書館利用調査

〇〇市立図書館

> この調査は図書館のサービスをよりよくするために行うものです。この調査票に書かれたことがらが他に漏れるようなことはありませんので，ありのままをご記入くださるようお願いいたします。

この調査票はおかえりのとき，出口の係員におわたしください。何かわからないことがありましたら，出口の係員におききください。

1) あなたの性別をお答えください(どちらか1つに ○をつけてください)
　　1．男　　　　2．女
2) あなたの年をお答えください（どれか1つに ○をつけてください)
　　1．0歳～15歳　2．16歳～20歳　3．21歳～30歳　4．31歳～40歳
　　5．41歳～50歳　6．51歳～60歳　7．60歳以上
3) あなたは次のどれにあてはまりますか。あてはまるものすべてに ○をつけてください。
　　1．勤労者（パートタイマーを除く）　2．主婦　3．学生　4．無職
4) あなたは先月，この図書館を何回利用しましたか。どれか1つに ○をつけてください。
　　1．0回（利用しなかった）　2．1～2回　3．3～5回
　　4．6～10回　5．11回以上
5) あなたは今日，どのような目的で図書館に来ましたか。あてはまるものすべてに ○をつけてください。
　　1．本を借りるため，あるいは本を返すため
　　2．勤め先・学校での仕事・勉強（受験勉強を含む）
　　3．上の2．以外の調べもの・研究
　　4．自分でもってきた本の読書
　　5．特に目的はない
　　6．その他（具体的にお書きください ＿＿＿＿＿＿＿＿＿＿＿＿＿）
6) あなたはこの図書館のサービスについてどう思いますか。以下のそれぞれの項目に対して，どれか1つに ○をつけてください。
　　a） 図書館の本や雑誌について
　　1．読みたいものがない　2．読みたいものが多い
　　3．どちらともいえない　4．わからない
　　＊何かご意見があればご自由にお書きください：＿＿＿＿＿＿＿＿

```
b) 目録について
   1. 探しにくい  2. 探しやすい  3. どちらともいえない
   4. わからない
   ＊何かご意見があればご自由にお書きください：＿＿＿＿＿＿
   ＿＿＿＿＿＿＿＿＿＿＿＿＿＿＿＿＿＿＿＿＿＿＿＿＿＿＿＿
   ＿＿＿＿＿＿＿＿＿＿＿＿＿＿＿＿＿＿＿＿＿＿＿＿＿＿＿＿
       ご協力ありがとうございました。
```

9-6図　来館者調査における調査票（例）

（5）会計システムによる評価

　9-4表には図書館の費用に関する指標がいくつか掲げられている。これらの費用は図書館の会計システムの中で正しく計算されなければならない。この費用計算は，本章で論じてきたパフォーマンスの指標という点からだけでなく，住民に対する図書館会計による説明責任（アカウンタビリティ）という観点からも重要である。公共図書館は，地域住民からの諸税を中心に運営されている。したがって，その税金の使途を開示・説明する義務を図書館は負っている。これは，パフォーマンスとは別の観点からその図書館の評価に結びつく。

　一般の株式会社においては，その資産の状況を貸借対照表（balance sheet）という形で明示しなければならない。これからの図書館は株式会社の貸借対照表に準じた何らかの形式で，資産に関する情報を開示する必要があるのかもしれない。また，図書館の業務やサービスごとの費用計算も必要である。

4.「よい図書館」とは：図書館サービスの質と価値

　本章では1～3節で図書館の業務やサービスの評価について述べてきたが，業務やサービスの総体としての図書館そのものの評価も必要となる。すなわち，ある図書館が他の図書館より良いのか劣っているのか，その図書館のサービス

が現在改善されつつあるのかどうかを知ることは,図書館評価の重要な目的の一つである。このためには業務やサービス別の計量的な尺度も部分的には利用できるが,さらに主観的,感覚的な要素も加えた総合的な評価も必要であろう。そのような図書館の良さをはかる単一の使いやすい尺度はあるのか。

　結論としてはそのような単一の尺度はない。幾つかの尺度を合成することが必要であるが,そうして合成された尺度の信頼性はその基盤が弱くなる。図書館の良さを追求したオア(Orr, R. M.)は,図書館の良さを構成要素の質と,産出されるサービスの価値と経営の適切さからなると述べている。[1]

　すなわち,図書館に投入された情報資源や施設・設備等の図書館資源を,利用者に良いサービスとして利用されるように転化する能力を図書館が有することが必要である。この能力が高いと,提供される図書館サービスは良質で,需要も十分にあるといえる。しかしこれだけでは図書館はその目的を達成していない。提供した図書館サービスが利用者に有効な結果をもたらしたかどうかわからないからである。提供した図書館サービスがその利用者に有効な結果をもたらして,はじめて,その図書館サービスは価値があったといえる(9-7図)。

　価値のあるサービスを提供する図書館の業務は価値ある業務と見なされるとともに,利用者によって支持され,利用者に支持されることにより図書館は十分な経営資源を獲得できて,その図書館は永続に向けて発展できるのである。

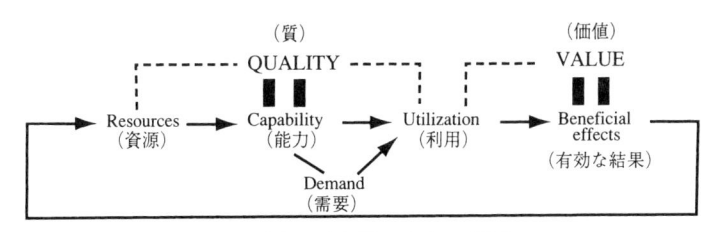

9-7図　図書館のよさの概念

出典:R. M. Orr, "Measuring the Goodness of Library Services: A General Framework for Considering Quantitative Measures, "*Journal of Documentation* 29, no. 3 (September 1973 : 315-32.

---

1) バックランド, M. K. 著, 高山正也訳:図書館・情報サービスの理論　勁草書房 1990　311-34.)

[資料1]

公立図書館の設置及び運営上の望ましい基準
（平成13.7.18　文部科学省告示第132号）

1　総則

(1) 趣旨

① この基準は，図書館法（昭和25年法律第118号）第18条に基づく公立図書館の設置及び運営上の望ましい基準であり，公立図書館の健全な発展に資することを目的とする。

② 公立図書館の設置者は，この基準に基づき，同法第3条に掲げる事項などの図書館サービスの実施に努めなければならない。

(2) 設置

① 都道府県は，都道府県立図書館の拡充に努め，住民に対し適切な図書館サービスを行うとともに，図書館未設置の町村が多く存在することも踏まえ，当該都道府県内の図書館サービスの全体的な進展を図る観点に立って，市（特別区を含む。以下同じ。）町村立図書館の設置及び運営に対する指導・助言等を計画的に行うものとする。

② 市町村は，住民に対して適切な図書館サービスを行うことができるよう，公立図書館の設置（適切な図書館サービスを確保できる場合には，地域の実情により，複数の市町村により共同で設置することを含む。）に努めるとともに，住民の生活圏，図書館の利用圏等を十分に考慮し，必要に応じ分館等の設置や移動図書館の活用により，当該市町村の全域サービス網の整備に努めるものとする。

③ 公立図書館の設置に当たっては，サービス対象地域の人口分布と人口構成，面積，地形，交通網等を勘案して，適切な位置及び必要な図書館施設の床面積，蔵書収蔵能力，職員数等を確保するよう努めるものとする。

(3) 図書館サービスの計画的実施及び自己評価等

① 公立図書館は，そのサービスの水準の向上を図り，当該図書館の目的及び社会的使命を達成するため，そのサービスについて，各々適切な「指標」を選定するとともに，これらに係る「数値目標」を設定し，その達成に向けて計画的にこれを行うよう努めなければならない。

② 公立図書館は，各年度の図書館サービスの状況について，図書館協議会の協力を得つつ，前項の「数値目標」の達成状況等に関し自ら点検及び評価を行うとともに，その結果を住民に公表するよう努めなければならない。

(4) 資料及び情報の収集，提供等

① 資料及び情報の収集に当たっては，住民の学習活動等を適切に援助するため，住民の高度化・多様化する要求に十分配慮するものとする。

② 資料及び情報の整理，保存及び提供に当たっては，広く住民の利用に供するため，情報処理機能の向上を図り，有効かつ迅速なサービスを行うことができる体制を整えるよう努めるものとする。

③ 地方公共団体の政策決定や行政事務に必要な資料及び情報を積極的に収集し，的確に提供するよう努めるものとする。

④ 都道府県立図書館と市町村立図書館は，それぞれの図書館の役割や地域の特色を踏まえつつ，資料及び情報の収集，整理，保存及び提供について計画的に連携・協力を図るものとする。

(5) 他の図書館及びその他関係機関との連携・協力

公立図書館は，資料及び情報の充実に努めるとともに，それぞれの状況に応じ，高度化・多様化する住民の要求に対応するため，資料や情報の相互利用等の協力活動の

[資料1] 公立図書館の設置及び運営上の望ましい基準

積極的な実施に努めるものとする。その際，公立図書館相互の連携（複数の市町村による共同事業を含む。）のみならず，学校図書館，大学図書館等の館種の異なる図書館や公民館，博物館等の社会教育施設，官公署，民間の調査研究施設等との連携にも努めるものとする。

(6) 職員の資質・能力の向上等
① 教育委員会及び公立図書館は，館長，専門的職員，事務職員及び技術職員の資質・能力の向上を図るため，情報化・国際化の進展等に配慮しつつ，継続的・計画的な研修事業の実施，内容の充実など職員の各種研修機会の拡充に努めるものとする。
② 都道府県教育委員会は，当該都道府県内の公立図書館の職員の資質・能力の向上を図るために，必要な研修の機会を用意するものとし，市町村教育委員会は，当該市町村の所管に属する公立図書館の職員をその研修に参加させるように努めるものとする。
③ 教育委員会は，公立図書館における専門的職員の配置の重要性に鑑み，その積極的な採用及び処遇改善に努めるとともに，その資質・能力の向上を図る観点から，計画的に他の公立図書館及び学校，社会教育施設，教育委員会事務局等との人事交流（複数の市町村及び都道府県の機関等との人事交流を含む。）に努めるものとする。

2 市町村立図書館

(1) 運営の基本
　市町村立図書館は，住民のために資料や情報の提供等直接的な援助を行う機関として，住民の需要を把握するよう努めるとともに，それに応じ地域の実情に即した運営に努めるものとする。
(2) 資料の収集，提供等
① 住民の要求に応えるため，新刊図書及び雑誌の迅速な確保並びに他の図書館との連携・協力により図書館の機能を十分発揮できる種類及び量の資料の整備に努めるものとする。また，地域内の郷土資料及び行政資料，新聞の全国紙及び主要な地方紙等多様な資料の整備に努めるものとする。
② 多様な種類・内容の視聴覚資料の収集に努めるものとする。
③ 電子資料の作成，収集及び提供並びに外部情報の入手に関するサービス等に努めるものとする。
④ 本館，分館，移動図書館等の資料の書誌データの統一的な整備や，インターネット等を活用した正確かつ迅速な検索システムの整備に努めるものとする。また，貸出の充実を図り，予約制度などにより住民の多様な資料要求に的確に応じるよう努めるものとする。
⑤ 資料の提供等に当たっては，複写機やコンピュータ等の情報・通信機器等の利用の拡大に伴い，職員や利用者による著作権等の侵害が発生しないよう，十分な注意を払うものとする。

(3) レファレンス・サービス等
　他の図書館等と連携しつつ，電子メール等の通信手段の活用や外部情報の利用にも配慮しながら，住民の求める事項について，資料及び情報の提供又は紹介などを行うレファレンス・サービスの充実・高度化に努めるとともに，地域の状況に応じ，学習機会に関する情報その他の情報の提供を行うレフェラル・サービスの充実にも努めるものとする。

(4) 利用者に応じた図書館サービス
① 成人に対するサービスの充実に資するため，科学技術の進展や産業構造・労働市場の変化等に的確に対応し，就職，転職，職業能力開発，日常の仕事等のための資料及び情報の収集・提供に努めるものとする。

② 児童・青少年に対するサービスの充実に資するため，必要なスペースを確保するとともに，児童・青少年用図書の収集・提供，児童・青少年の読書活動を推進するための読み聞かせ等の実施，情報通信機器の整備等による新たな図書館サービスの提供，学校等の教育施設との連携の強化等に努めるものとする。

③ 高齢者に対するサービスの充実に資するため，高齢者に配慮した構造の施設の整備とともに，大活字本，拡大読書器などの資料や機器・機材の整備・充実に努めるものとする。また，関係機関・団体と連携を図りながら，図書館利用の際の介助，対面朗読，宅配サービス等きめ細かな図書館サービスの提供に努めるものとする。

④ 障害者に対するサービスの充実に資するため，障害のある利用者に配慮した構造の施設の整備とともに，点字資料，録音資料，手話や字幕入りの映像資料の整備・充実，資料利用を可能にする機器・機材の整備・充実に努めるものとする。また，関係機関・団体と連携を図りながら手話等による良好なコミュニケーションの確保に努めたり，図書館利用の際の介助，対面朗読，宅配サービス等きめ細かな図書館サービスの提供に努めるものとする。

⑤ 地域に在留する外国人等に対するサービスの充実に資するため，外国語資料の収集・提供，利用案内やレファレンス・サービス等に努めるものとする。

(5) 多様な学習機会の提供
① 住民の自主的・自発的な学習活動を援助するため，読書会，研究会，鑑賞会，映写会，資料展示会等を主催し，又は他の社会教育施設，学校，民間の関係団体等と共催するなど，多様な学習機会の提供に努めるとともに，学習活動の場の提供，設備や資料の提供などによりその奨励に努めるものとする。

② 住民の情報活用能力の向上を支援するため，講座等学習機会の提供に努めるものとする。

(6) ボランティアの参加の促進
国際化，情報化等社会の変化へ対応し，児童・青少年，高齢者，障害者等多様な利用者に対する新たな図書館サービスを展開していくため，必要な知識・技能等を有する者のボランティアとしての参加を一層促進するよう努めるものとする。そのため，希望者に活動の場等に関する情報の提供やボランティアの養成のための研修の実施など諸条件の整備に努めるものとする。なお，その活動の内容については，ボランティアの自発性を尊重しつつ，あらかじめ明確に定めておくことが望ましい。

(7) 広報及び情報公開
住民の図書館に対する理解と関心を高め新たな利用者の拡大を図るため，広報紙等の定期的な刊行やインターネット等を活用した情報発信など，積極的かつ計画的な広報活動及び情報公開に努めるものとする。

(8) 職員
① 館長は，図書館の管理運営に必要な知識・経験を有し，図書館の役割及び任務を自覚して，図書館機能を十分発揮させられるよう不断に努めるものとする。

② 館長となる者は，司書となる資格を有する者が望ましい。

③ 専門的職員は，資料の収集，整理，保存，提供及び情報サービスその他の専門的業務に従事し，図書館サービスの充実・向上を図るとともに，資料等の提供及び紹介等の住民の高度で多様な要求に適切に応えるよう努めるものとする。

④ 図書館には，専門的なサービスを実施するに足る必要な数の専門的職員を確保するものとする。

⑤ 専門的職員のほか，必要な数の事務職員又は技術職員を置くものとする。

⑥ 専門的分野に係る図書館サービスの向上を図るため，適宜，外部の専門的知識・技術を有する者の協力を得るよう努めるものとする。
(9) 開館日時等
住民の利用を促進するため，開館日・開館時間の設定にあたっては，地域の状況や住民の多様な生活時間等に配慮するものとする。また，移動図書館については，適切な周期による運行などに努めるものとする。
(10) 図書館協議会
① 図書館協議会を設置し，地域の状況を踏まえ，利用者の声を十分に反映した図書館の運営がなされるよう努めるものとする。
② 図書館協議会の委員には，地域の実情に応じ，多様な人材の参画を得るよう努めるものとする。
(11) 施設・設備
本基準に示す図書館サービスの水準を達成するため，開架・閲覧，収蔵，レファレンス・サービス，集会・展示，情報機器・視聴覚機器，事務管理などに必要な施設・設備を確保するよう努めるとともに，利用者に応じて，児童・青少年，高齢者及び障害者等に対するサービスに必要な施設・設備を確保するよう努めるものとする。

3 都道府県立図書館

(1) 運営の基本
① 都道府県立図書館は，住民の需要を広域的かつ総合的に把握して資料及び情報を収集，整理，保存及び提供する立場から，市町村立図書館に対する援助に努めるとともに，都道府県内の図書館間の連絡調整等の推進に努めるものとする。
② 都道府県立図書館は，図書館を設置していない市町村の求めに応じて，図書館の設置に関し必要な援助を行うよう努めるものとする。
③ 都道府県立図書館は，住民の直接的利用に対応する体制も整備するものとする。
④ 都道府県立図書館は，図書館以外の社会教育施設や学校等とも連携しながら，広域的な観点に立って住民の学習活動を支援する機能の充実に努めるものとする。
(2) 市町村立図書館への援助
市町村立図書館の求めに応じて，次の援助に努めるものとする。
ア 資料の紹介，提供を行うこと。
イ 情報サービスに関する援助を行うこと。
ウ 図書館の資料を保存すること。
エ 図書館運営の相談に応じること。
オ 図書館の職員の研修に関し援助を行うこと。
(3) 都道府県立図書館と市町村立図書館とのネットワーク
都道府県立図書館は，都道府県内の図書館の状況に応じ，コンピュータ等の情報・通信機器や電子メディア等を利用して，市町村立図書館との間に情報ネットワークを構築し，情報の円滑な流通に努めるとともに，資料の搬送の確保にも努めるものとする。
(4) 図書館間の連絡調整等
① 都道府県内の図書館の相互協力の促進や振興等に資するため，都道府県内の図書館で構成する団体等を活用して，図書館間の連絡調整の推進に努めるものとする。
② 都道府県内の図書館サービスの充実のため，学校図書館，大学図書館，専門図書館，他の都道府県立図書館，国立国会図書館等との連携・協力に努めるものとする。
(5) 調査・研究開発
都道府県立図書館は，図書館サービスを効果的・効率的に行うための調査・研究開

発に努めるものとする。特に，図書館に対する住民の需要や図書館運営にかかわる地域の諸条件の調査・分析・把握，各種情報機器の導入を含めた検索機能の強化や効率的な資料の提供など住民の利用促進の方法等の調査・研究開発に努めるものとする。

(6) 資料の収集，提供等

都道府県立図書館は，**3**の(9)により準用する**2**の(2)に定める資料の収集，提供等のほか，次に掲げる事項の実施に努めるものとする。

　ア　市町村立図書館等の要求に十分応えられる資料の整備

　イ　高度化・多様化する図書館サービスに資するための，郷土資料その他の特定分野に関する資料の目録，索引等の作成，編集及び配布

(7) 職員

都道府県立図書館は，**3**の(9)により準用する**2**の(8)に定める職員のほか，**3**の(2)から(6)までに掲げる機能に必要な職員を確保するよう努めるものとする。

(8) 施設・設備

都道府県立図書館は，**3**の(9)により準用する**2**の(11)に定める施設・設備のほか，次に掲げる機能に必要な施設・設備を備えるものとする。

　ア　研修

　イ　調査・研究開発

　ウ　市町村立図書館の求めに応じた資料保存等

(9) 準用

市町村立図書館に係る**2**の(2)から(11)までの基準は，都道府県立図書館に準用する。

[参考資料]
生涯学習審議会社会教育分科審議会計画部会図書館専門委員会報告
「公立図書館の設置及び運営上の望ましい基準について」平成12年12月8日

この報告の内容においては，図書館サービスの計画的実施及び自己評価等のため，各図書館が各々適切な「指標」を選定するとともに，これらに係る「数値目標」を設定して，計画的に図書館サービスの実施を行うよう努めることとしている。
このような「指標」や「数値目標」の例としては，次のようなものをあげられる。

(1) 「指標」の例
- 蔵書冊数
- 開架冊数
- 開架に占める新規図書比
- 視聴覚資料点数
- 年間購入雑誌点数
- 貸出冊数
- 登録者数
- 来館者数，来館回数
- リクエスト件数
- レファレンス件数
- 集会・行事参加者数
- 集会・行事参加回数
- 利用者満足度

なお，これらの「指標」に係る具体的な「数値目標」の設定については，総数，人口1人あたりの数，人口に対する比率，登録者1人あたりの数，職員1人あたりの数などとするような工夫も考えられよう。

(2) 「数値目標」の例
具体的な「数値目標」を設定する際の参考として，以下の表を示す。

貸出活動上位の公共図書館における整備状況

人口段階別	1万人未満	1～3万人	3～10万人	10～30万人	30万人以上
平均人口	6,500	17,900	49,800	140,800	403,700
延床面積 m^2	896	1,591	2,937	5,437	8,853
蔵書冊数 開架冊数（内数） 開架に占める新規図書比	53,067 44,615 9.8%	93,373 73,657 9.2%	213,984 153,181 10.9%	547,353 335,203 10.9%	850,812 558,362 9.1%
視聴覚資料点数	1,582	3,277	8,299	18,809	47,400
年間購入雑誌点数	124	130	255	615	955
資料費（千円）＊ 人口1人概算(円)	9,841 1,500	17,635 1,000	35,398 700	74,629 550	143,361 350
人口1人年間貸出点数	14.4	13.8	11.4	10.0	7.8
職員数（有資格者）＊＊	5 (3)	8 (4)	19 (11)	53 (25)	98 (58)

注： 上記の表は「日本の図書館1999」（日本図書館協会編）をもとに同協会の協力により作成したものである。数値については，全国の市町村（政令指定都市及び特別区を除く）の公立図書館のうち，人口1人あたりの「資料貸出」点数の多い上位10％の図書館の平均数値を算出したものである。ここで示した数値も参考にしながら，各図書館において各々が選定した「指標」に係る「数値目標」を定め，時系列比較や同規模自治体などとの比較検討によって自己評価に活用し，図書館運営の一層の発展に資することが望まれる。なお，ここで示した数値を上回るサービスを展開している図書館にあっては，さらに高い水準を目指して図書館サービスの充実を図ることが期待される。
＊　　1998年度決算額
＊＊　非常勤，臨時職員を含むフルタイム相当人数

[資料2]

公共図書館情報ネットワークシステムの事例（諏訪地域）

諏訪地域公共図書館情報ネットワークシステムによる広域利用に関する協定書

岡谷市、諏訪市、茅野市、下諏訪町、富士見町、原村（以下「諏訪地域」という。）の図書館情報ネットワークシステムによる広域利用について次のとおり協定を締結する。

（目的）
第1条　この協定は、諏訪地域の公共図書館が、行政区域を越えて諏訪地域住民に対し図書館サービス（以下「広域利用」という。）の拡充を図ることを目的とする。
（広域利用ができる者）
第2条　広域利用ができる者は、諏訪地域のいずれかの公共図書館で利用を認められた者とする。
（広域利用の方法）
第3条　広域利用をしようとする者は、諏訪地域の各公共図書館の条例、規則等の規定に従い利用するものとする。
（委任）
第4条　この協定に定めるもののほか、必要な事項は、諏訪地域の教育長に委任し、協議のうえ別に定める。
（効力の発生）
第5条　この協定は、平成7年4月1日から効力を生ずる。

諏訪地域公共図書館情報ネットワークシステム

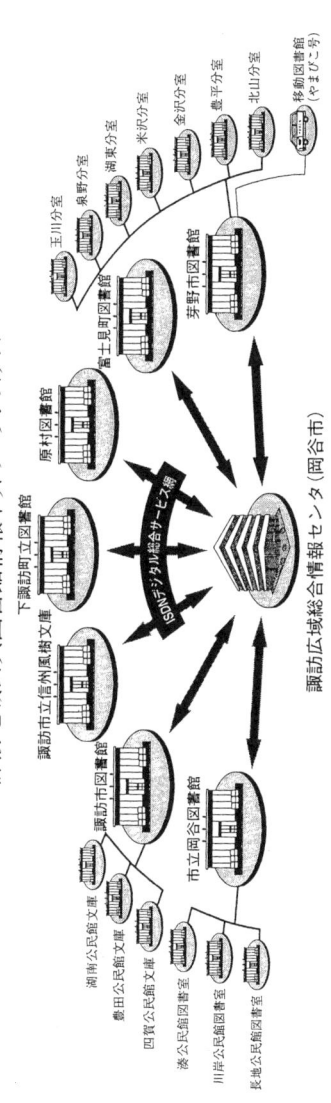

「いつでも、どこでも、だれにでも。」
統一利用者カードを採用しました。

■ 1枚のカードで6市町村の図書館を利用できます。

● プライバシー保護のためセンター館では、個人情報は管理していません。
● 6市町村がアイデアを出し合い、諏訪圏域に最もふさわしいシステムを模索した結果、自治省が提案するコミュニティ・ネットワーク構想のガイドラインに沿った機能となっています。

■ 読みたい本をその場で捜し予約できます。
■ 便利さを広げるライブラリネットワーク

● 最寄りの図書館の利用者端末からその図書館の蔵書リスト、全館の蔵書リスト及び新刊情報を取り出し、リアルタイムで貸出の予約ができます。
● ネットワークする図書館間の貸出図書の貸出基本は、諏訪広域総合情報センタがいる配送ルートへ乗せて毎日図書館へ配送されます。書籍小包の発送業務の合理化と物流のスピードアップを実現しました。

諏訪地域公共図書館情報ネットワークシステムパンフレット
「地域と施設をこえて―公立図書館における連携協力の実践事例集―」平成9年4月
(文部省編)より

[資料3-1]

図書館の業務

公共図書館の業務（2000.3.21修正）

(○印は専門性の高い仕事)

I. 経営管理
  A. 図書館運営の計画・立案
    ○総合計画（将来計画を含む）の企画・立案； ○教育委員会事務局との協議；
    ○他自治体・図書館等との連携・協力； ○図書館関係団体との連絡調整；
    ○図書館の運営に関する情報収集と分析；
    ○図書館調査の立案・実施； ○利用者の声の対応
  B. 図書館協議会
    ○協議事項の提案； 協議会開催事務
  C. 議会, 教育委員会との連絡・調整
    条例, 規則等の制定及び改廃の手続き； ○議会の質問等への対応
  D. 図書館統計
    ○統計の立案； 統計の作成； ○統計の分析・評価
  E. 広報
    ○図書館報等広報の立案； 図書館報等広報の作成
  F. 人事管理
    ○職員の採用； ○職員の配置計画； 職員の勤務状況の報告； ○研修の立案・実施； ○図書館協力者の受入； ○実習生の受入
  G. 財務管理
    ○予算立案； 予算編成事務； ○予算管理； 予算執行； 決算； 備品管理； 現金出納； 財務課・会計課などとの連絡調整
  H. 施設の維持管理
    ○施設の改修計画の企画立案； 施設管理業務の委託契約・連絡調整； 施設補修； 集会室の利用受付, 利用案内； 消防・防災計画の立案, 訓練の実施； 読書室等の管理運営（利用者の整理等）； ポスター等掲示物, チラシの整理； 拾得物等の整理, 届出； 利用者の整理・警備； 開館・閉館・休館の準備； 駐車・駐輪の管理
  I. 庶務・その他
    配送業務； ○館内会議の運営； ○視察等来客対応； 文書管理； ○各種調査回答

[資料3-1]　図書館の業務

II．資料管理
A．資料の選択・収集
○収集方針（除籍を含む）の立案；　○収集計画の立案；　○選定ツールの収集；　○選択；　発注；　寄贈依頼；　契約；　○検収

B．資料の整理
受入登録；　○分類・件名の決定；　○目録作成；　装備

C．資料の管理
○資料管理計画の立案；　排架；　書架整頓；　弁償資料の処理；　督促，延滞の処理；　○製本資料の調査；　新聞・雑誌の製本；　○資料の劣化対策；　簡易な製本と修理；　○欠本・端本・欠号調査，補充；　蔵書点検；　除籍手続き；　除籍資料のリサイクル・廃棄

III．利用サービス
A．サービスの総合調整
○サービス計画の立案；　○サービス内容の点検・評価

B．貸出・返却等
利用者登録，貸出券の交付；　資料の貸出処理；　資料の返却処理；　○読書案内；　○リクエスト・予約の調査と処理の決定；　リクエスト・予約の処理；　相互貸借の手続き（貸出・返却作業を含む）；　書庫出納；　視聴覚資料の館内利用；　CD-ROM等電子資料の館内利用

C．レファレンスサービス
○質問に基づく調査；　○資料の使い方の案内；　○レフェラル・サービス；　複写サービス；　○索引類の作成

D．子どもへのサービス
○資料の提供；　○利用案内；　○読書案内；　○おはなし会等；　○学校等との連携

E．YAサービス
○資料の提供；　○利用案内；　○読書案内；　○交流会等の開催

F．障害者サービス
○視覚障害者向け資料の選定・作成依頼；　視覚障害者向け資料の提供；　○視覚障害者向け資料案内；　○対面朗読；　○視覚障害者向けサービス；　○その他図書館利用に障害がある人々へのサービス；　○家庭宅本サービス

G．病院・刑務所等へのサービス
○資料の選定；　貸出

H．多文化サービス
○日本語以外の資料の収集・提供；　○日本語習得のための資料の収集・提供
I．行事
○企画；　開催；　○資料展示
J．移動図書館
○積載図書の指定
K．団体・グループへの援助
団体貸出；　○団体・グループとの協力・支援
Ⅳ．システムの活用と運用管理
A．導入・メンテナンス
○導入・更新計画の企画・立案；　機器のリース契約，執行管理；　システムソフトの管理；　○職員の機器操作指導・研修；　○利用者への機器操作指導；　○メーカーとの連絡調整
B．インターネットの基盤整備
○基盤整備；　○活用

大学図書館の業務 （2000.3.21修正）

I．経営管理
A．経営管理
① 専門性の高い業務
基本目的実現のための計画立案・総括；　利用者・関係機関・委員会等に対する図書館の基本目的の説明；　業務の組織化と調整；　予算の編成と執行の監督；　施設・設備の計画および維持・監守に関する方針の決定；　備品・消耗品の購入および廃棄の決定；　諸記録の作成および維持・監守に関する方針の決定；　記録・統計その他の諸様式の決定；　学内他部署との連絡調整；　各種図書館との連絡および協力；　経営管理に関する調査研究；　外部からの経営管理に関する質問への専門的回答；　各種報告書の立案；　規則類の立案；　研究開発業務；　補助金の申請；　著作権に関わる業務の調整；　外部経営資源の導入に関する経営判断
② 一般的業務
公印およびマスターキーの監守；　公文書類の接受・発送・整理および保存；　通常の会計事務；　各種記録統計の作成作業；　その他経営管理に関する通常の事務
B．自己点検・評価

[資料3-1] 図書館の業務

① 専門性の高い業務
  自己点検・評価； パフォーマンスの評価
C．人事管理
① 専門性の高い業務
  人事政策の立案； 事務分析の実施； 業務量の評価； 採用予定者の選考；研修制度の整備と企画・実施； 職員の勤務体制に関する計画・監督； 昇給・昇格・勤務評定の上申； 派遣職員等の外部労働力の受け入れと管理
② 一般的業務
  人事管理に関する通常の事務； 厚生保健に関する事務
D．広報活動
① 専門性の高い業務
  広報活動の計画・立案； 展示会・講演会・映写会・鑑賞会等の開催計画
② 一般的業務
  広報活動の作業； 広報類の保管； 広報類の配布事務； 配布リストの維持
E．緊急事態への対応
① 専門性の高い業務
  危機管理； 災害
② 一般的業務
  盗難事件； 救急対策

Ⅱ．コレクションマネジメント
F．資料の収集と処分
① 専門性の高い業務
  蔵書構築に関する方針の立案と決定； 利用者の要求の調整； カリキュラムの調整による蔵書構築の補正； 資料の選択； コレクションの評価； 除籍の方針と対象の決定； 受入業務の計画と事務手続きの決定； 資料費予算の執行と監督； 出版・販売業者の交渉； 注文方式の決定と注文業務の監督； 寄贈資料および貴重資料の価格の評価； 資料の処分方法の決定
② 大学図書館の基本的業務
  図書費予算の執行事務； 出版・販売業者との事務連絡； 注文カードの作成と排列； 新着資料の検収； 資料交換に関する事務； 寄贈の依頼および礼状の発送； 受入に関する諸記録の作成； 登録に関する一般事務； 不要資料の処分； 欠号調査・補充
G．資料の配置

① 専門性の高い業務
資料配置の計画立案；　書架配置の計画立案；　架上配置の監督；　蔵書点検の計画立案
② 大学図書館の基本的業務
資料の配置作業；　資料の出納；　資料の整頓；　蔵書点検の実施；　書架案内等の整備

H. 資料の保管と保存
① 専門性の高い業務
資料保管の方針の決定；　資料保存の方法と技術の決定；　資料保存のための経費の評価；　製本・補修すべき資料の決定；　製本・補修の仕様の決定
② 大学図書館の基本的業務
製本・補修すべき資料の予備的選択；　簡単な製本・修理；　資料の消毒；　製本・補修に関する記録の整備

Ⅲ. 資料組織
I. 主題分析と目録
① 専門性の高い業務
分類と目録に関する基本方針と作業計画の確立；　分類作業；　分類体系の拡張と展開；　件名作業；　件名標目表の拡張と展開；　記述目録作業；　目録作成上の相互協力；　総合目録作成への参加；　目録作業に必要な記録の決定と監督；　情報管理の基本方針の確立；　情報の蓄積および検索に関する方式の分析；　主題の分析とコード化；　抄録業務の方針の決定；　抄録作業；　情報の分析・評価；　索引業務の方針の決定；　索引作業；　典拠ファイルの管理
② 大学図書館の基本的業務
目録業務のうちのコピーカタロギング，ローカルデータの付与；　その他，目録業務に係わる補助的業務；　目録業務に必要な記録類の整備

J. 資料の装備
① 専門性の高い業務
資料整備の方法と作業過程の決定
② 大学図書館の基本的業務
資料の整備に関わる各種作業

Ⅳ. 利用サービス
K. サービスの総合調整

[資料3-1] 図書館の業務　　　　　　　　　　169

① 専門性の高い業務
サービス計画の企画・立案；　サービス内容の点検・評価；　サービス管理

L. **閲覧と貸出**
① 専門性の高い業務
閲覧・貸出規程の作成；　閲覧・貸出および利用者登録の記録方式の決定；　閲覧・貸出および登録業務の監督と報告書の作成；　利用者の要望と苦情に関わる決定；　文献複写の方式の決定；　文献複写業務の監督
② 大学図書館の基本的業務
利用者の登録事務；　登録記録の整備；　貸出および返納の事務；　閲覧・貸出記録の整備；　延滞処理に関する事務

M. **利用者への援助**
① 専門性の高い業務
利用者に対する援助方法の検討と基本方針の立案；　目録の使用に関する援助；　利用者の図書選択についての援助；　図書館利用者を促進するための各種書目・解題の編集およびカレントアウェアネス・サービスの立案・作成；　利用者に対するオリエンテーション；　利用者に対するガイダンス；　各種グループとの協力；　各種の案内・掲示の計画；　文献探索方法についての助言；　ＤＢ検索操作の講習
② 一般的業務
各種リスト作成のための補助的調査；　案内・掲示の事務

N. **利用教育**
① 専門性の高い業務
図書館利用教育の企画・立案（大学各部局との連絡調整を含む）；　各種ツールの作成（パスファインダー・講習会資料等）；　利用教育の実施（講習会インストラクター等）；　利用教育活動の効果測定（評価の実施）
② 一般的業務
利用教育活動の補助的業務（講習会運営補助，資料作成等）

O. **レファレンスサービス**
① 専門性の高い業務
レファレンスサービスに関する基本方針の確立；　参考質問に対する回答；　参考質問に対する記録方式の決定；　利用者に対する資料相談；　参考図書の収集・管理・運用；　参考質問のためのインフォメーション・ファイルの整備；　高度な専門的書誌資料の調査；　地域的，全国的な主題書誌事業への協力；　ＤＢの選択相談；　有料ＤＢの代行検索；　ＤＢ料金の徴収方針の検討・決定；

翻訳業務の方針の決定； 専門機関の紹介
　② 大学図書館の基本的業務
　　　参考業務に関する統計・記録の整備； 簡単な文献情報の所在の発見
P．相互協力業務
　① 専門性の高い業務
　　　相互貸借業務の監督； 相互貸借のための書誌資料の調査
　② 大学図書館の基本的業務
　　　相互貸借に関する事務

Ⅴ．システムの活用と運用管理
　Q．システム活用方針の決定およびシステム，ネットワークの運用・管理
　① 専門性の高い業務
　　　導入・開発・改善方針と仕様の作成； システムの運用準備； システムの運用支援； システム機能の評価
　② 大学図書館の基本的業務
　　　ハードウェアの管理； ソフトウェアの管理； ネットワークの管理
　R．電子図書館業務
　① 専門性の高い業務
　　　電子図書館機能の企画・立案； デジタルコンテンツの作成； ネットワーク情報資源の活用； 電子図書館機能の調査・研究

（出典：専門性の確立と強化を目指す研修事業検討ワーキンググループ（第2次）報告書．日本図書館協会，2000。）

[資料3-2]

図書館業務の基本原則

(1) 図書館は利用者のためのものである。
(2) 図書館は利用者の要求に応えていなくても，それは明らかにならない。
(3) 供給は需要を創る
(4) 利用者が必要とする文献が選べるように「ガイド」を用意しなければならない。
(5) 図書館は利用者が欲する文献を利用できるようにしておかなければならない
(6) 図書館はそのサービスの代償を受けるべきである。
(7) 図書館は，一館でもグループとしても，費用対効果にについて関心を払わなければならない。
(8) 情報は原則として貨幣額では価値付けできないものである。
(9) 図書館は収穫逓減の法則に関心を払わなければならない。
(10) 完全を求めて時機を失してはならない。
(11) 図書館の活動コストは活動の規模が大きくなるにつれて低減すべきである。
(12) どんな図書館も孤立してはやってゆけない。
(13) 図書館の経営計画は利用者の要求について客観的なデータに基づくべきである。
(14) 新技術や新システムを利用するに際して，過去を振り返るのではなく，将来を見つめることが必要である。
(15) 図書館の職員はチームの一員として働くべきである。
(16) 図書館職は学者・研究者のための閑職ではない。図書館の仕事は多くの研究者・学者の研究を促進し，助けるものである。
(17) 図書館は社会にとって価値あるものであり得る。
(18) 図書館（学）は経験科学である。

（出典：Urquhart, D. 著 高山正也訳：図書館業務の基本原則．勁草書房 1985 p. 3～4。）

[資料4]

1. 図書館の職員数（全国）

平成17年10月1日現在（人）

区分		計	都道府県	市(区)	町	村	組合	法人
専任	計	15,282	1,784	11,704	1,618	70	14	92
	館長・分館長	1,434	51	1,179	188	4	1	11
	司書	6,957	1,042	5,028	804	38	3	42
	司書補	237	10	195	31	1	—	—
	その他の職員	6,654	681	5,302	595	27	10	39
兼任	計	1,851	28	1,006	704	102	1	10
	館長・分館長	1,048	4	582	398	57	1	6
	司書	165	8	85	63	8	—	1
	司書補	8	—	8	—	—	—	—
	その他の職員	630	16	331	243	37	—	3
非常勤	計	13,527	586	10,942	1,870	97	5	27
	館長・分館長	321	7	198	105	4	—	7
	司書	5,659	290	4,644	684	30	5	6
	司書補	197	2	163	32	—	—	—
	その他の職員	7,350	287	5,937	1,049	63	—	14

（出典）平成17年度文部科学省指定統計社会教育調査報告書

2．図書館職員の内訳

(人)

区　分	計	専　任	兼　任	非常勤	計のうち司　書	計のうち司　書　補
昭和56年度	11,467	10,338		1,129	3,917	306
59	13,158	11,096	982	1,080	4,396	281
62	14,609	12,003	1,119	1,487	5,654	392
平成2	16,331	13,097	1,128	2,106	6,401	383
5	19,339	14,444	1,242	3,653	7,529	429
8	22,057	15,754	1,282	5,021	8,602	443
11	24,922	16,185	1,558	7,179	9,824	425
14	27,276	16,290	1,682	9,304	10,977	387
17	30,660	15,282	1,851	13,527	12,781	442

(注)「専任」とは常勤の職員として発令されている者であり,「兼任」とは当該図書館以外の職員で兼任発令されている者である。
(出典) 平成17年度文部科学省指定統計社会教育調査報告書より作成

3．設置者別図書館職員数（1図書館当たり）

(人)

区　分		計	都道府県	市(区)	町	村	組合	法人
	計	10.3	38.7	11.1	6.0	4.1	10.0	5.4
専任	計	5.1(100%)	28.7	5.5	2.3	1.1	7.0	3.8
	館長・分館長	0.5　(9.3)	0.8	0.6	0.3	0.1	0.5	0.5
	司　書	2.3 (45.5)	16.8	2.4	1.2	0.6	1.5	1.7
	司　書　補	0.1　(1.5)	0.2	0.1	0.04	0.02	—	—
	その他の職員	2.2 (43.5)	11.0	2.5	0.4	1.0	5.0	19.5
兼　　任		0.6	0.5	0.5	1.0	1.6	0.5	0.4
非　常　勤		4.5	9.5	5.1	2.7	1.5	2.5	1.1

(注)（ ）内は専任の構成比
(出典) 平成17年度文部科学省指定統計社会教育調査報告書より作成

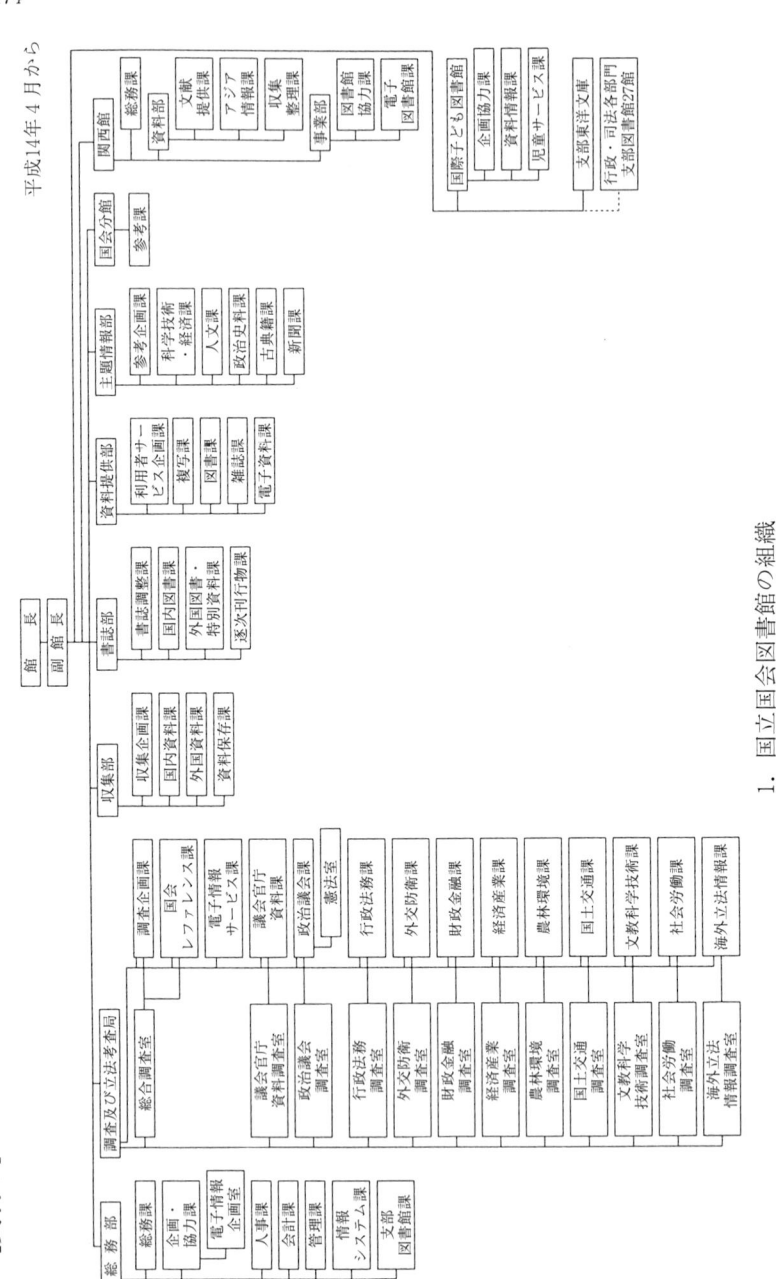

[資料 5]

平成14年4月から

館長
副館長

- 総務部
  - 総務課
  - 企画・協力課
  - 電子情報企画室
  - 人事課
  - 会計課
  - 管理課
  - 情報システム課
  - 支部図書館課

- 調査及び立法考査局
  - 調査企画課
  - 国会レファレンス課
  - 電子情報サービス課
  - 議会官庁資料課
  - 政治議会課
  - 憲法室
  - 総合調査室
  - 議会官庁資料調査室
  - 政治議会調査室
  - 行政法務調査室
  - 外交防衛調査室
  - 財政金融調査室
  - 経済産業調査室
  - 農林環境調査室
  - 国土交通調査室
  - 文教科学技術調査室
  - 社会労働調査室
  - 海外立法情報調査室

- 収集部
  - 収集企画課
  - 国内資料課
  - 外国資料課
  - 資料保存課

- 書誌部
  - 書誌調整課
  - 国内図書課
  - 外国図書・特別資料課
  - 逐次刊行物課

- 資料提供部
  - 利用者サービス企画課
  - 複写課
  - 図書課
  - 雑誌課
  - 電子資料課

- 主題情報部
  - 参考企画課
  - 科学技術・経済課
  - 人文課
  - 政治史料課
  - 古典籍課
  - 新聞課

- 国会分館
  - 参考課

- 関西館
  - 総務課
  - 資料部
  - 文献提供課
  - アジア情報課
  - 収集整理課
  - 事業部
  - 図書館協力課
  - 電子図書館課

- 国際子ども図書館
  - 企画協力課
  - 資料情報課
  - 児童サービス課

- 支部東洋文庫
- 支部・同法各部門
- 行政・司法支部図書館27館

1. 国立国会図書館の組織

資料　　　175

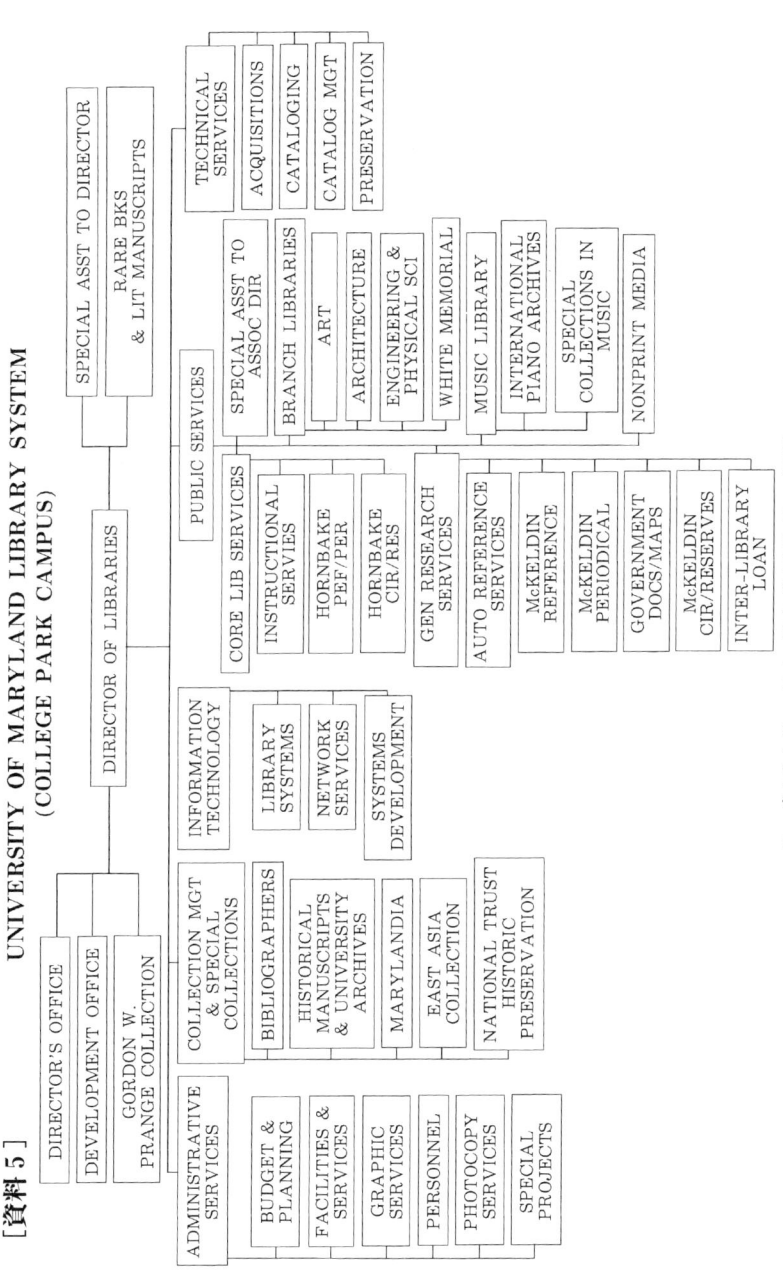

[資料 5]　UNIVERSITY OF MARYLAND LIBRARY SYSTEM
(COLLEGE PARK CAMPUS)

```
DIRECTOR'S OFFICE
├─ DEVELOPMENT OFFICE
├─ GORDON W. PRANGE COLLECTION
└─ DIRECTOR OF LIBRARIES
   ├─ SPECIAL ASST TO DIRECTOR
   │  └─ RARE BKS & LIT MANUSCRIPTS
   ├─ PUBLIC SERVICES
   │  ├─ TECHNICAL SERVICES
   │  │  ├─ ACQUISITIONS
   │  │  ├─ CATALOGING
   │  │  ├─ CATALOG MGT
   │  │  └─ PRESERVATION
   │  ├─ SPECIAL ASST TO ASSOC DIR
   │  ├─ BRANCH LIBRARIES
   │  │  ├─ ART
   │  │  ├─ ARCHITECTURE
   │  │  ├─ ENGINEERING & PHYSICAL SCI
   │  │  ├─ WHITE MEMORIAL
   │  │  ├─ MUSIC LIBRARY
   │  │  ├─ INTERNATIONAL PIANO ARCHIVES
   │  │  ├─ SPECIAL COLLECTIONS IN MUSIC
   │  │  └─ NONPRINT MEDIA
   │  ├─ CORE LIB SERVICES
   │  │  ├─ INSTRUCTIONAL SERVIES
   │  │  ├─ HORNBAKE PER/PER
   │  │  └─ HORNBAKE CIR/RES
   │  ├─ GEN RESEARCH SERVICES
   │  │  ├─ AUTO REFERENCE SERVICES
   │  │  ├─ McKELDIN REFERENCE
   │  │  ├─ McKELDIN PERIODICAL
   │  │  ├─ GOVERNMENT DOCS/MAPS
   │  │  ├─ McKELDIN CIR/RESERVES
   │  │  └─ INTER-LIBRARY LOAN
   ├─ INFORMATION TECHNOLOGY
   │  ├─ LIBRARY SYSTEMS
   │  ├─ NETWORK SERVICES
   │  └─ SYSTEMS DEVELOPMENT
   ├─ COLLECTION MGT & SPECIAL COLLECTIONS
   │  ├─ BIBLIOGRAPHERS
   │  ├─ HISTORICAL MANUSCRIPTS & UNIVERSITY ARCHIVES
   │  ├─ MARYLANDIA
   │  ├─ EAST ASIA COLLECTION
   │  └─ NATIONAL TRUST HISTORIC PRESERVATION
   └─ ADMINISTRATIVE SERVICES
      ├─ BUDGET & PLANNING
      ├─ FACILITIES & SERVICES
      ├─ GRAPHIC SERVICES
      ├─ PERSONNEL
      ├─ PHOTOCOPY SERVICES
      └─ SPECIAL PROJECTS
```

2. 米国メリーランド大学図書館の組織

[資料 5]

3. 東京都立中央図書館運営組織

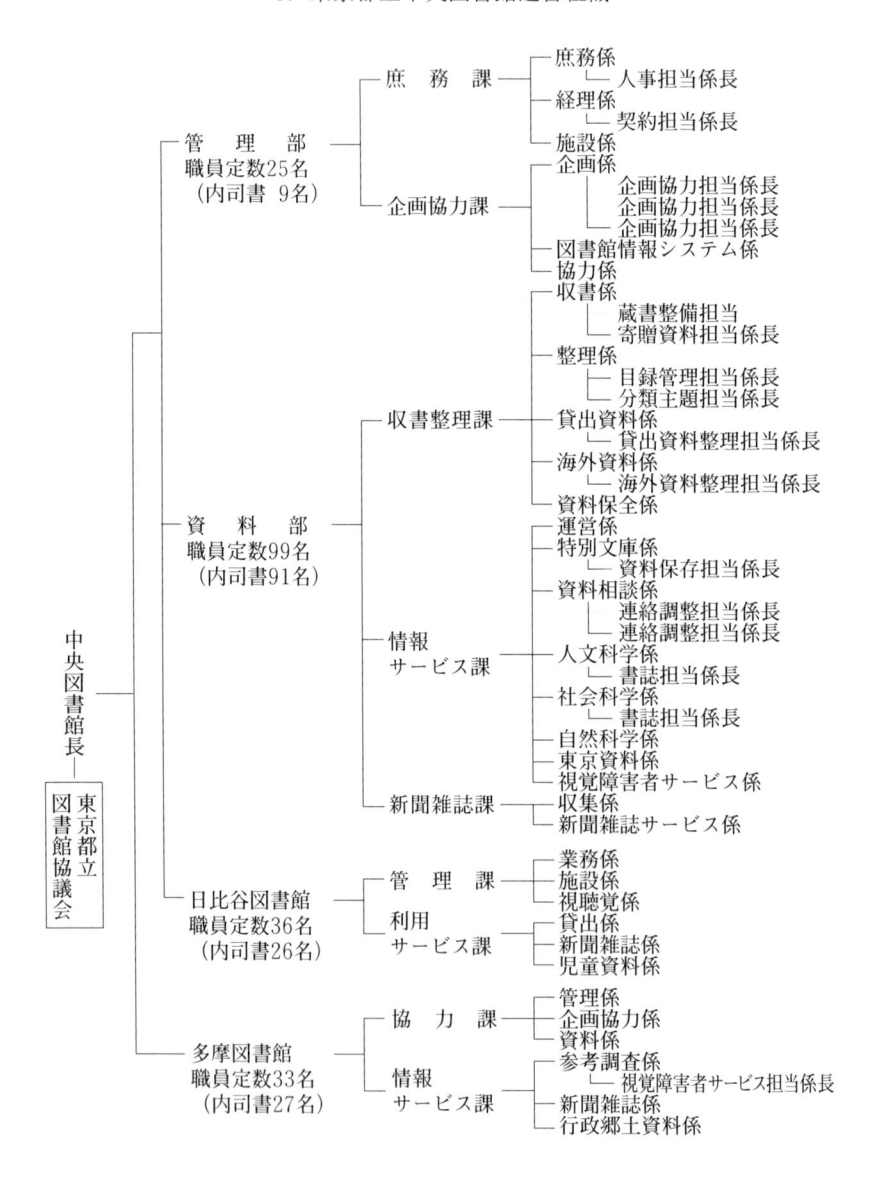

```
中央図書館長 ─ 東京都立図書館協議会
           │
           ├─ 管理部
           │   職員定数25名
           │   （内司書 9名）
           │   ├─ 庶務課 ─┬─ 庶務係
           │   │         │   └─ 人事担当係長
           │   │         ├─ 経理係
           │   │         │   └─ 契約担当係長
           │   │         └─ 施設係
           │   └─ 企画協力課 ─┬─ 企画係
           │                 │   ├─ 企画協力担当係長
           │                 │   ├─ 企画協力担当係長
           │                 │   └─ 企画協力担当係長
           │                 ├─ 図書館情報システム係
           │                 └─ 協力係
           │
           ├─ 資料部
           │   職員定数99名
           │   （内司書91名）
           │   ├─ 収書整理課 ─┬─ 収書係
           │   │             │   ├─ 蔵書整備担当
           │   │             │   └─ 寄贈資料担当係長
           │   │             ├─ 整理係
           │   │             │   ├─ 目録管理担当係長
           │   │             │   └─ 分類主題担当係長
           │   │             ├─ 貸出資料係
           │   │             │   └─ 貸出資料整理担当係長
           │   │             ├─ 海外資料係
           │   │             │   └─ 海外資料整理担当係長
           │   │             └─ 資料保全係
           │   ├─ 情報サービス課 ─┬─ 運営係
           │   │                 ├─ 特別文庫係
           │   │                 │   └─ 資料保存担当係長
           │   │                 ├─ 資料相談係
           │   │                 │   ├─ 連絡調整担当係長
           │   │                 │   └─ 連絡調整担当係長
           │   │                 ├─ 人文科学係
           │   │                 │   └─ 書誌担当係長
           │   │                 ├─ 社会科学係
           │   │                 │   └─ 書誌担当係長
           │   │                 ├─ 自然科学係
           │   │                 ├─ 東京資料係
           │   │                 └─ 視覚障害者サービス係
           │   └─ 新聞雑誌課 ─┬─ 収集係
           │                 └─ 新聞雑誌サービス係
           │
           ├─ 日比谷図書館
           │   職員定数36名
           │   （内司書26名）
           │   ├─ 管理課 ─┬─ 業務係
           │   │         ├─ 施設係
           │   │         └─ 視聴覚係
           │   └─ 利用サービス課 ─┬─ 貸出係
           │                     ├─ 新聞雑誌係
           │                     └─ 児童資料係
           │
           └─ 多摩図書館
               職員定数33名
               （内司書27名）
               ├─ 協力課 ─┬─ 管理係
               │         ├─ 企画協力係
               │         └─ 資料係
               └─ 情報サービス課 ─┬─ 参考調査係
                                 │   └─ 視覚障害者サービス担当係長
                                 ├─ 新聞雑誌係
                                 └─ 行政郷土資料係
```

[資料6]

ISO11620による図書館パフォーマンス指標

※次の文献を参考に，一部修正した。

糸賀雅児監訳，戸田あきら・小泉史子訳『図書館パフォーマンス指標』ISO11620
（翻訳）現代の図書館，Vol.36, No.3, p.175-204 （1998）

1．利用者の意識
利用者の満足度
　利用者によって評価された個々のサービスに対する得点の合計 ÷ 回答者数

2．利用者サービス業務
2．1　全般
サービス対象者の利用率
(a) 過去1年間に来館したかどうかあるいは他のサービスを利用したかという質問に「はい」と答えた人の数 ÷ 回答者総数
(b) 過去1年間に資料を借りた利用者数 ÷ サービス対象者の総数

利用者あたり費用
(a) 1会計年度での図書館の経常経費総額 ÷（過去1年間に来館したかどうかあるいは他のサービスを利用したかという質問に「はい」と答えた人の数 ÷ 回答者総数 × サービス対象人口）
(b) 1会計年度での図書館の経常経費総額 ÷ 過去1年間の貸出登録者数

人口当たり来館回数
　1年間の来館総数 ÷ サービス対象人口

来館あたり費用
　1会計年度での図書館の経常経費総額 ÷ 1年間の来館者総数

2．2　資料の提供
タイトル利用可能性
　図書館で所蔵されているタイトルからの無作為標本における利用可能なタイトルの数 ÷ 標本中のタイトルの総数 × 100（％）

要求タイトル利用可能性
　図書館が所蔵していてなおかつ少なくとも利用者の1人が要求したタイトルからの無作為標本における利用可能なタイトルの数 ÷ 標本中のタイトルの総数 × 100

(%)

要求タイトル所蔵率
　　実際の利用者が要求したタイトルからの無作為標本の中で図書館に所蔵されているタイトルの数 ÷ 標本中のタイトルの総数 × 100（%）

要求タイトル一定期間内利用可能性
　　実際の利用者が要求したタイトルからの無作為標本の中での利用可能なタイトルまたは特定の期間ののちに利用可能になったタイトルの数 ÷ 標本中のタイトルの総数 × 100（%）

人口当たり館内利用数
※調査期間を設定し，その期間は利用者に資料を自分で書架に戻さないように依頼して，館内利用された資料をカウントする。
　　（調査期間中にカウントされた資料数÷調査期間中の開館日数×年間の開館日数）÷サービス対象人口

資料利用率
(a)　図書館に所蔵された資料からの無作為標本において利用中（貸出中または館内利用中）の資料の数 ÷ 標本中の総資料数×100（%）
(b)　ある特定の日における貸出中の資料数と館内利用中の資料数の合計÷総資料数×100（%）

2．3　資料の出納

閉架書庫からの資料出納所要時間（中央値）
　　図書館の閉架にありかつ利用者に要求された資料からの無作為標本についてのその要求から提供までの時間の中央値

開架からの資料探索所要時間（中央値）
　　開架書庫中のタイトルからの無作為標本に対する資料探索所要時間の中央値

2．4　資料の貸出

蔵書回転率
　　特定期間におけるその蔵書の貸出数 ÷ その蔵書の総資料数

人口当たり貸出数
　　1年間の貸出総数 ÷ サービス対象人口

人口当たり貸出中資料数
　　特定期間における貸出中の資料数 ÷ サービス対象人口

貸出あたり費用
　　1会計年度の経常経費 ÷ 同期間の貸出総数

職員あたり貸出数

1年間の貸出数÷同期間のフルタイム換算職員数
2.5 他の図書館からの資料提供
図書館間貸出のスピード
※まずリクエストを受け付けてから資料を受け取るまでの期間を計算し，次にある特定期間（7日，14日など）を設定する。
特定期間内に受け取った資料の数÷調査期間に受け付けたリクエストの数×100（％）
2.6 レファレンスサービス
レファレンスサービス正答率
正しく答えられた質問の数÷扱った質問の数×100（％）
2.7 情報探索
タイトル目録探索成功率
※実際に目録を探している利用者に対して調査を行う。
利用者が目録中に見つけたタイトル数÷利用者が探索し，目録に記載があるタイトル数×100（％）

主題目録探索成功率
※実際に目録を探している利用者に対して調査を行う。
利用者が求める主題に関して利用者が見つけたタイトル数÷利用者の求める主題に関して実際に目録に掲載されていたタイトル数×100（％）
2.8 設 備
設備の利用可能性
(a) 利用可能な設備の数÷提供されている設備の数
(b) ある一定間隔で施設の利用可能を調べてそのうち利用可能であった回数÷調べた回数×100（％）

設備利用率
※特定の時期に設備の利用状況の調査を行う。
(a) 利用中の設備の数÷提供されている設備の総数×100（％）
(b) ある一定間隔で施設の利用状況を調べてそのうち利用されていた回数÷調べた回数×100（％）

座席占有率
ある特定時期での使用中の座席数÷提供されている座席の総数

コンピュータシステムの利用可能性
(a) （スケジュール上の稼働時間－予期しないダウン時間あるいは基準以下にパフォーマンスが低下した時間）÷スケジュール上の稼働時間×100（％）

(b) (全体システムの総予定稼働時間 − (中央システムの予定外のダウン時間,性能が基準以下に低下した時間の合計＋利用者用機器が機能を果たさないために使えなかったと報告された時間の合計÷利用者用機器の総数) ÷ 全体システムの総予定稼働時間 × 100 (％)

3. 整理業務

3.1 資料の受入れ

受入所要時間

資料を発注した日から図書館に納入されるまでの日数の中央値

3.2 資料の整理

整理所要時間

資料が図書館に納品されてから利用者に利用可能となるまでの日数の中央値

3.3 目録業務

タイトル当たりの目録費用

(対象期間中に書誌データや典拠データを作成したり，取り込んだ目録データから対象書誌データを特定し取り出したりするのにかかった総労働時間 × 時間単位の人件費，すなわち対象期間中にこの業務に従事した職員の税込みの賃金を，その期間在籍していた職員の基準労働時間で除したもの ＋ 対象期間中に書誌データやその他関連のデータ受入れに要した費用) ÷ 対象期間に整理されたタイトル数

参 考 文 献

[教科書・単行書・論集]
　高山正也編：図書館・情報センターの経営　勁草書房　1994　282p.
　岩猿敏生他：大学図書館の管理と運営　日本図書館協会　1992　247p.
　高山正也他：図書館概論　雄山閣出版　1992　237p.
　Ranganathan, S. R. 著，森耕一訳：図書館学の五法則　日本図書館協会　1981　452p.
　Urquhart, D. 著，高山正也訳：図書館業務の基本原則　勁草書房　1985　145p.
　Buckland, M. K. 著, 高山正也訳：図書館・情報サービスの理論　勁草書房　1990　324p.
　日本図書館学会編：図書館経営論の視座　日外アソシエーツ　1994　214p.（論集・図書館学研究の歩み　第13集）
　Stueart, R. D. & Moran, B. R.: Library Management, 3rd ed. Littleton, Libraries Unlimited 1987 376p.
　Evans, G. E.: Management Techniques for Librarians, 2nd ed. Academic Press 1983 330p.

[資　料]
　日本図書館協会．公立図書館の設置及び運営上の望ましい基準活動の手引き　2001　46p.
　今まど子・中村初雄：図書館学基礎資料（第三版）樹村房　2001　102p.
　公立図書館の任務と目標　解説　増補版　日本図書館協会　1995　85p.

さくいん

あ, い, う

アウトソーシング　52, 53
アメニティ　100
アンケート調査　143, 144, 152
安全管理業務　42
安全対策　110
一次的業務　31
インテリジェント化　102, 108
インテリジェント技術　108, 109
受入業務　39

え, お

英国図書館文献提供センター　131
エコロジカル・エンジニアリング　113
閲覧・貸出サービス　36
閲覧・奉仕業務　33, 35
音環境　115
オピニオン・リーダー　97
温度　116
オンライン情報検索　128

か

開館準備　86
回帰分析　146
会計システム　154
会計主体　99
階層型組織　49, 50
快適性　100

外部資源活用　52
カウンター　106, 107
価格　91, 94
家具　117
貸出密度　148
館長　57, 58, 61
管理業務　41
管理職　57, 58
管理的職員　60
管理部門　14

き, く

機械化　124
機械化業務　43
企画・構想　102
規程類　26
機能による組織　47
機能による組織構成　48
教育委員会事務局　11
教育・文化事業　30
業績評価　139
協働的社会行為　46
業務委託　45
業務統計　143, 147
空気調節　116

け

経営管理　5, 6
経営管理業務　31, 73, 74
経営管理権　8
経営計画　75
計画　73, 75
現金主義　22
研修　64, 65, 66

現職研修　64, 67

こ

コア・ジャーナル　122, 123
効果　141
公会計の原則　20
交換　74, 88
公共図書館設置に関する役割分担　10
広報活動　95
効率　141
公立図書館の設置及び運営上の望ましい基準　14
公立図書館の設置及び運営に関する基準　14
国際計画　81
根幹業務　53
コンピュータ・セキュリティ　112

さ

サービス（奉仕）部門　14
財源　18
採光　114
サイン計画　117
作業　5
参加型組織　50
参考奉仕　36

し

色彩　114
資源共有　125
司書　62, 63, 65

司書資格　56
市場細分化　90
実質貸出密度　148
質的な評価　147
湿度　116
社会教育法　9,10
収書業務　39
集密書架　119
主題による組織　48
生涯学習課　11
照明　114
書架　107,118
職員　56
職員定数　64
職員の定数　16
嘱託職員　72
職場環境　60
書誌ユーティリティ　127
資料形態別による組織　48
資料整理業務　33,36
資料部門　14
新図書館開設計画　82

す

出納台　106
スタッフ職系列　56
ストック　149
スペース計画　104

せ

政策評価　21
製品　91,92
整理業務　39
積層書架　119
セグメンテーション　37
全国計画　80

選書業務　38
全米収書目録計画　126
専門的職員　62,63,64

そ

騒音　115
相関分析　146
相互貸借　126
蔵書回転率　148,149
蔵書新鮮度　148,149
装備業務　40
総務業務　41
促進　91,95
組織　46
組織図　55

た，ち

貸借対照表　20,154
短期計画　76
地域計画　78
地域別組織　49
チーム制組織　50,54
中央値　146
長期計画　76
調査　151
調査項目　142
調査統計　143
調査・分析　142
調査方法　142

て

定数条例　16
ディポジット・ライブラリー　129
テクニカル・サービス
　　　　　　　　33,38

電子化図書館　42

と

読書相談　36
図書館　2
図書館学の五法則　31,32
図書館協議会　29
図書館協同体　51,121
図書館業務の機械化　43
図書館経営　2,3
図書館振興　13
図書館政策　77
図書館相互協力　121
図書館相互の協力　51
図書館長　59
図書館ネットワーク
　　　　51,121,122,125
図書館の業務分析　34
図書館の計画　74
図書館の職員　56
図書館の組織　46
図書館の組織体制　14
図書館犯罪　111
図書館費　16
図書館法　9,13
トランスポーテーション
　　　　　　　　110

な行

二次的業務　31
人間関係　60
ネットワーク　122
ネットワーク型組織　51
ノーマライゼーション
　　　　　　　　113

は

廃棄業務　40
博物館　136
派遣職員　71
場所　91, 94
発生主義　22
パフォーマンス　141
パブリシティ　96
パブリック・サービス
　　　　　　　33, 36
バリアフリー　114
搬送　109, 110

ひ

非営利組織　139
評価　139
評価指標　148, 150, 151
評価の基準　144
費用計算　154
費用対効果　142
費用対便益　142
標本調査　146

ふ

ファーミントン・プラン
　　　　　　　126
ファンドレイジング
　　　　　　　98, 99

フィードバック　137
物品管理業務　42
ブラッドフォードの法則
　　　　　　　122
フロー　149
文書館　137
文書管理業務　42
分担収集　125
分担目録作業　126
分布　145

へ，ほ

平均値　146
防災　110
防犯　110
ポジショニング　91
保存業務　40
保存図書館　129
保存方式　109
ボランティア　68

ま行

マーケット・セグメンテーション　90
マーケティング　73, 74, 88
マーケティング計画　89
マーケティング・ミックス
　　　　　　　91, 97
マネジメント・サイクル　6

メジアン　146
目的　140
目標　140
モデュラーシステム　105

ゆ，よ

床荷重　101
よい図書館　154
予算編成　16
4 P　91

ら行

ライフサイクル　93
ライン職系列　56
ランガナータン　31
リソースシェアリング　51
利用教育　37
利用者群による組織　49
利用者満足度　151
臨時職員　71
類縁機関　136
レファレンス・サービス
　　　　　　　36

わ

ワーキング・スペース
　　　　　　　105

欧文さくいん

- **A** automated library　43
  - automation　124
- **B** BLDSC　131
  - Bradfordの法則　122
  - British Library Document Supply Center　131
- **C** circulation desk　106
  - consortium　121
  - cooperation　121
  - core journal　122
  - CS　89
  - cost-benefit　142
  - cost-effectiveness　142
  - customer orientation　89
  - customer satisfaction　89
- **D** distribution　145
- **E** effectiveness　141
  - efficiency　141
  - electronic library　44
  - exchange　88
- **F** Farminton Plan　126
  - feed back　139
  - flow　149
- **I** IFLA　81, 82
  - interlibrary loan　126
  - ISO 11620　150
- **L** Library consortium　51
  - Library cooperation　51
  - Library network　51, 121
- **M** management　5
- MARC　128
- marketing　87
- market segmentation　90
- modular system　105
- **N** National Program for Acquisition and Cataloging　126
  - network　121
  - New Public Management　19
  - NPAC　126
  - NPM　19
- **O** OCLC　127
  - Ohio College Library Center　127
  - Online Computer Library Center　127
  - operation　5
- **P** performance　141
  - PFI　19
  - place　91, 94
  - positioning　91
  - price　91, 94
  - Private Finance Initiative　19
  - product　91, 92
  - promotion　91, 95
  - publicity　96
- **R** Ranganathan, S. R.　31
  - resource sharing　125
- **S** shared cataloging　126
  - stock　149
- **U** UNESCO　82

シリーズ監修者

高山正也 国立公文書館館長
たかやままさや 慶應義塾大学名誉教授

植松貞夫 筑波大学
うえまつさだお 図書館情報メディア系教授

執 筆 者

高山正也（たかやま・まさや）

- 1941 大阪府豊中市に生まれる
- 1966 慶應義塾大学商学部卒業
- 1970 慶應義塾大学大学院文学研究科図書館・情報学専攻 修士課程修了
  東京芝浦電気㈱技術情報センター，カリフォルニア大学バークレー校訪問研究員，慶應義塾大学文学部助手，専任講師，助教授を経て
- 現在 国立公文書館館長，慶應義塾大学名誉教授
- 主著 図書館概論（共著）(雄山閣出版)，図書館・情報センターの経営（共著）(勁草書房)，情報社会をひらく（共訳）(勁草書房)，ほか多数

岸田和明（きしだ・かずあき）

- 1964 東京都三鷹市に生まれる
- 1987 慶應義塾大学文学部図書館・情報学科卒業
- 1991 慶應義塾大学大学院文学研究科図書館・情報学専攻博士課程中退，図書館情報大学図書館・情報学部助手，駿河台大学文化情報学部教授を経て
- 現在 慶應義塾大学文学部教授
- 主著 図書館・情報センターの経営（共著）(勁草書房)，情報検索研究：認知的アプローチ（共訳）(トッパン)

加藤修子（かとう・しゅうこ）

- 1955 京都府京都市に生まれる
- 1978 国立音楽大学音楽学部卒業
- 1984 米国シモンズ大学大学院図書館・情報学専攻修士課程修了（Master of Science）
- 1987 慶應義塾大学大学院文学研究科図書館・情報学専攻博士課程単位取得
- 現在 駿河台大学文化情報学部教授
- 主著 図書館・情報学概論第二版（共著）(勁草書房)，図書館・情報センターの経営（共著）(勁草書房)，音楽情報と図書館（共著）(大空社)

田窪直規（たくぼ・なおき）

図書館情報大学図書館・情報学研究科終了
奈良国立博物館仏教美術資料研究センター研究官
- 現在 近畿大学短期大学部教授

村田文生（むらた・ふみお）

- 1938 埼玉県春日部市に生まれる
- 1961 早稲田大学教育学部卒業
  埼玉県立文書館長，埼玉県教育局社会教育課長，生涯学習課長，埼玉県立浦和図書館長，文部省生涯学習審査会社会教育分科審議会計画部会司書専門委員会委員等歴任
- 元 東京家政大学教授
- 主著 生涯学習を考える（全国教育新聞社），学ぶ考える（共著）(学文社)，生涯学習と開かれた施設活動（共著）(学文社)，ほか

新・図書館学シリーズ2
改訂 図書館経営論

平成 9 年 9 月 1 日	初版発行
平成13年 4 月 1 日	第 6 刷
平成14年 4 月 3 日	改訂第 1 刷
平成25年 2 月14日	改訂第12刷

著者Ⓒ　高　山　正　也
　　　　加　藤　修　子
　　　　岸　田　和　明
　　　　田　窪　直　規
検印廃止　村　田　文　生
発行者　大　塚　栄　一

発行所　株式会社 樹村房
　　　　JUSONBO

〒112-0002　東京都文京区小石川 5 丁目11番 7 号
　　　　　　電　話　東　京 (03) 3868-7321代
　　　　　　F A X　東　京 (03) 6801-5202
　　　　　　振替口座　00190-3-93169

製版印刷・亜細亜印刷／製本・常川製本

ISBN978-4-88367-073-4
乱丁・落丁本はお取り替えいたします。